KB208735

보도 섀퍼의
이기는 습관

DIE GESETZE DER GEWINNER
by Bodo Schäfer

Copyright © 2018 by Bodo Schäfer
Korean translation copyright © 2022 by Tornado Media Group
All rights reserved.
This Korean edition is published by arrangement with The Rights Company through
Imprima Korea Agency.

이 책의 한국어판 저작권은 Imprima Korea Agency를 통한 The Rights Company와의
독점계약으로 토네이도미디어그룹㈜에 있습니다.
저작권법에 의해 한국 내에서 보호를 받는 저작물이므로
무단전재와 무단복제를 금합니다.

DIE GESETZE DER GEWINNER

불가능을 뛰어넘어
최후의 승자가 된 사람들

보도 섀퍼의
이기는 습관

보도 섀퍼 지음 | 박성원 옮김

프롤로그

당신은 당신 안에 현재 삶에서 드러난 것보다 더 많은 잠재력이 숨어 있다고 생각하는가? 기회를 얻지 못했을 뿐 언제든 폭발할 능력이 베일에 가려져 있다고 생각하는가?

위대한 물리학자 알버트 아인슈타인Albert Einstein은 이렇게 말했다.

"모든 아이 안에는 천재가 숨어 있다."

이 말을 인용해 나는 당신에게 이렇게 말해주고 싶다.

"사람은 누구나 위너winner의 삶을 살 권리가 있다."

젊은 시절 나는 그 무엇보다 성공과 행복에 이르는 공식을 알아내고자 했다. 그로부터 몇십 년의 세월이 흐른 현재, 마침내 나는 알아냈다. 성공과 행복을 보장하는 공식은 존재하지 않는다는 답을. 삶에는 너무나 많은 변수가 존재하기 때문이다.

그렇다. 삶은 매 순간 변화한다. 다만 수십 년 전의 청년 시절부터 장년에 이른 현재까지 변하지 않는 것이 하나 있다면, 인생의 매 순간 끊임없이 힘겨운 상황들을 겪고 있다는 것이다. 그럴 때마다 나는 성공과 행복에 이르는 쉽고 빠른 길을 탐색하기보다는 다음의 간단한 질문을 던진다.

'내가 나의 유일한 코치라면, 지금 나에게 무엇이라고 조언할 것인가?'

질문을 던지고 나면 천천히 답이 떠오른다. 그리고 늘 깨닫는다. 내가 답을 이미 알고 있었다는 것을.

나와 마찬가지로 당신도 이미 답을 알고 있다. 당신에게는 위너의 삶을 살 권리가 있다. 다만 그 권리를 행사하지 않고 있을 뿐이다.

세상에서 가장 큰 행운이 무엇인지 아는가?

내가 내 자신의 코치가 되어주는 것이다. 그 누구도 아닌 내 자신의 목소리를 마음속으로 들으면 내가 올바르게 나아가고 있다는 '확신'을 갖게 된다. 자신을 믿지 않는 사람, 자신의 목소리를 신뢰하지 않는 사람이 성공하는 경우는 없다.

이 책은 자신의 내면에 귀 기울여 탁월한 성공과 지혜로운 삶을 얻은 사람들의 이야기를 소개한다. 타인이 만든 법칙과

길, 이정표가 아니라 오롯이 자신의 목소리를 따라간 사람들의 경이로운 습관들을 담고 있다.

나는 그들을 '위너'라고 부른다. 그들에게 승리하는 삶을 선물한 생각, 행동, 습관과 루틴을 깊이 들여다보고 실행하면, 당신 또한 위너의 자격을 갖추게 될 것이다.

위너의 삶을 '따르라'는 것이 아니다.

위너가 '되라'는 것이다.

당신이 어떤 사람인지 세상에 유감없이 보여주어라.

이 책이 지혜로운 동행이 되어줄 것이다.

보도 섀퍼

차례

DIE
GESETZE DER
GEWINNER

◆ ◆

BODO SCHÄFER

결정을 내려라

작은 개울이 흘러 흘러 어느 날 거대한 사막의 입구에 이르렀다. 그곳에서 작은 개울은 문득 낯선 목소리를 들었다.

"멈추지 말고 계속 앞으로 나아가렴."

하지만 작은 개울은 미지의 세계와 마주치는 것에 겁이 덜컥 났다. 작은 개울은 더 많은 물을 자기 안에 담고 싶었고 더 멋진 삶을 살고 싶었지만, 그와 동시에 새로운 변화가 생기는 삶이 두려웠다. 위험 부담을 감수하면서까지 도전하고 싶지는 않았다.

그때 다시 침착한 목소리가 들려왔다.

"네 안에 어떤 잠재력이 존재하는지 확인하는 유일한 방법은 새로운 세상으로 한 걸음 내딛는 거야. 이미 알고 있는 세상에서는 이미 알고 있는 삶만이 가능할 뿐이지. 새로운 길이 두려운 것은 멀리서 바라만 보고 있기 때문이야. 삶은 멀리서 감상만 하는 풍경이 아니란다. 진정한 삶은 풍경 안으로 한 걸음 들어가는 도전이란다."

용기를 얻은 작은 개울은 계속 전진하기로 결심했다. 하지만 결심을 행동에 옮기는 것은 만만치 않았다. 사막 한복판으로 나아갈수록 점점 햇빛이 용광로처럼 뜨겁게 내리쬐었고, 결국 작은 개울 안의 물이 모두 증발하고 말았다. 수증기가 된 작은 물방울들은 위로 올라가 대기 중에 모였다. 작은 물방울들은 그곳에서 구름을 이루어 사막 위를 흘러갔다. 며칠 후 구름은 사막을 지나 넓은 바다 위에 이르렀다. 그곳에서 비가 되어 바다 위에 내려앉았다.

작은 개울은 이제 꿈꿔온 멋진 삶을 살게 되었다. 작은 개울은 파도에 몸을 맡긴 채 미소를 지으며 자신에게 속삭였다.

"축하해. 몇 번이나 나는 내 존재 형태를 바꿀 수밖에 없었지만, 결국 내가 가장 원하는 내가 되었구나."

누구나 변화를 갈망한다는 말은 전혀 사실이 아니다. 사람은 변화를 두려워한다. 결심은 대부분 작심삼일에 그치고 변화의 발걸음을 되돌려 원상복귀하고 만다. 변화가 있어야만 새로운 삶과 성공이 가능하다는 답은 이미 알고 있다. 하지만 답을 아는 것과 그 답을 삶에 적용하는 것 사이에는 하늘과 땅만큼의 차이가 존재한다.

우리는 왜 변화에 실패하는가?

결정을 내리는 것을 힘들어하기 때문이다. 더 정확하게 말하면 자신의 결정을 신뢰하지 못하기 때문이다. 변화를 위해 숙고 끝에 하나의 결정을 내린 다음 우리는 이를 즉시 실천에 옮기는 대신 이곳저곳을 돌아다니며 조언을 얻는다. 내가 내린 결정이 과연 옳은 것인가? 내 결정이 정말 최선인가? 친구, 직장 동료, 상사, 선배, 멘토를 찾아다니며 그들의 조언에 따라 결정을 쉽게 번복한다. 처음부터 누군가가 말려주기를 기다린 사람처럼.

변화를 원할 때는 냉정하게 자신에게 물어보라.

'나는 지금 이 상태에 계속 머물고 싶은가? 아니면 성장과 긍정적 변화를 진심으로 원하는가?'

후자라면 먼저 결정을 내려야 한다. 그리고 그 결정을 즉시 실행에 옮겨야 한다. 결과가 잘못될까 봐 망설이다가 인생을 끝마치고 싶지 않다면.

멀리서 바라보는 풍경 감상자에게는 어떤 일도 일어나지 않는다. 풍경을 변화시키겠다는 결정을 내린 사람에게는 무슨 일이 일어날지 모른다.

뻔한 삶이 아니라 어떤 일도 일어날 수 있는 삶을 선택할 때 우리는 비로소 가슴이 뛰고 흥미진진해진다.

결정은 '떠난다'는 뜻이다

독일어로 결정을 의미하는 단어 'ent-Scheidung'에는 이별을 의미하는 'scheidung'이라는 표현이 내포되어 있다. 그렇다. 결정은 무엇인가를 떠나는 행위를 뜻한다. 내가 만난 위너들은 이렇게 말했다.

"사람들이 의사결정을 어려워하는 이유는 간단하다. 떠날 생각이 없기 때문이다."

삶에서 중요한 결정을 내린다는 것은 여러 개의 보기 중에서 하나를 선택하는 것이 아니다. 그 결정을 위해 내가 무엇을 내려놓아야 하는지를 정확하게 아는 것이 중요하다.

위너들의 말을 계속 들어보자.

"결정은 곧 '결단'이다. 우리의 삶에서 가장 중요한 결정은 대부분 두 가지 중 하나를 선택하고 하나를 떠나는 결단의 형태를 취한다. 다시 말해 과거에 붙들려 있을 것인가, 새로운 미래로 나아갈 것인가다. 과거의 연인을 못 잊어 허우적거리는 사람은 변명한다. 과거를 못 잊어서가 아니라 아직 새로운 인연을 만나지 못해서 그럴 뿐이라고. 하지만 우리는 알고 있다. 그는 과거 속을 배회하는 결정을 했기 때문에 새로운 인연을 찾지 못한다는 것을. 과거에 젖어 있어 새로운 인연이 계속 찾아와도 이를 알아차리지 못하고 있다는 것을."

인생을 바꾼 사람들의 이야기 속에는 어김없이 '변화에 성공하게 된 결정적 계기'가 담겨 있다. 평범한 삶을 살던 사람이 어느 날 갑자기 새로운 삶으로 도약하게 된 결정적 계기는 무엇인가? 운이 좋았을까? 물론 일정 부분 그랬을 것이다. 하지만 그들을 새로운 변화로 이끈 결정적 계기는, 평범한 과거를 싹 지웠기 때문이다. 평범함 속에 파묻혀 있던 새로운 기회의 입구를 발견했기 때문이다.

중요한 결정에 필요한 것은 천재적인 전략과 통찰, 탁월한 선택이 아니다.

이별하는 용기다.

손에 쥔 돌을 놓아라

아프리카에서 원숭이 사냥꾼들은 먼저 직경이 6센티미터 정도인 나무 구멍에 달걀 크기의 돌을 집어넣는다. 사냥꾼은 의도적으로 매우 비밀스럽게 행동한다. 그러면 원숭이들이 멀찌감치 떨어져 사냥꾼을 관찰하고 있다가 호기심을 보인다.

사냥꾼이 나무 구멍에 돌을 집어넣고 난 후 몇 미터 뒤쪽으로 물러난다. 그 즉시 원숭이가 나무에 다가와 구멍 안으로 손을 집어넣는다. 원숭이는 돌을 잡은 손을 구멍 밖으로 빼내려한다. 하지만 돌을 움켜쥔 상태로 손을 빼기에는 구멍이 너무 작다. 돌만 포기하면 쉽게 손을 꺼낼 수 있지만, 원숭이는 좀처럼 손에 쥔 것을 포기하지 못한다. 그때 사냥꾼이 원숭이 위에 자루를 뒤집어씌워 간단하게 포획한다.

작은 구멍 안에서 움켜쥐고 있는 돌, 그것이 곧 당신의 '과거'다. 오랫동안 그렇게 돌을 움켜쥐고 있노라면, 자연스럽게 그런 불편하고 어색하고 비합리적인 포즈가 익숙해진다. 나아가 돌을 놓은 다음 구멍에서 손을 빼면 어떻게 될지가 점점 두려워진다. 이런 상황에서 당신은 줄곧 생각한다.

'인생에서 내가 이루고자 하는 것은 무엇인가? 꿈을 이루려면 무엇을 해야 하는가?'

한손을 구멍 안에 둔 채 다른 한손으로 턱을 괴고는 끊임없이 생각에 잠긴다. 아무 일도 일어나지 않는 생각에 잠긴 채 천천히 자루 속으로 머리를 밀어넣는다.

미국의 26대 대통령 시어도어 루스벨트Theodore Roosevelt는 이렇게 말했다.

"승리도 패배도 없는 회색지대에서 기쁨도 슬픔도 느끼지 못하는 지루한 유령들 틈에 끼어 있기보다는 가끔은 실패를 겪더라도 위대한 일에 도전하고 빛나는 승리를 자축하는 편이 훨씬 낫다."

월드컵 축구 경기를 생각해보자.

강팀과 맞붙은 약팀이 어떻게든 패배만은 모면하려고 전력을 다하는 경기처럼 지루한 것이 또 있던가? 틈만 나면 드러눕고, 걷어내는 데 급급하고, 자기 진영 페널티 구역 안에 모든 선수가 들어와 인해전술 수비를 펴는 팀의 경기가 얻을 수 있는 것은 '야유'뿐이다.

하지만 강팀에게 승리한 약팀의 예는 스포츠 역사에서 수도 없이 많다. 그들도 오직 지지 않으려고 싸우다가 행운 같은 승리를 얻었던가? 그럴 리 없다. 그들은 이기기 위해 싸웠기에 이겼을 뿐이다.

위너들은 말한다.

"승리와 패배는 인간이 통제할 수 있는 결과가 아니다. 다만 우리가 통제할 수 있는 것은 지루한 삶을 살 것이냐, 지루한 삶을 참지 않을 것이냐다. 먹고사는 데 급급한 사람은 먹고살 만한 삶을 산다. 성공하는 삶을 위해 노력하는 사람은 성공하는 삶을 산다. 그것뿐이다."

우리가 통제할 수 있는 것, 우리가 할 수 있는 것은 '가능성을 극대화'하는 것이다. 변화할 가능성, 성공할 확률을 높이는 노력과 행동이다.

원하는 것을 얻는 유일한 길은 원하는 것을 얻을 확률을 높이는 것이다.

위너들은 말한다.

"행복한 표정을 짓고 있는 사람들을 관찰해보라. 그들은 원하는 삶을 얻었기에 행복한가? 그렇지 않을 것이다. 원하는 삶을 살 확률을 차곡차곡 높이 쌓아가고 있다는 것이 행복해 그런 얼굴을 하고 있을 것이다."

꿈과 목표, 성공하는 삶의 확률을 높이고 싶다면 먼저 손에 쥔 돌을 놓아라. 지루한 자루 속으로 자청해서 들어가지 마라.

결정이 어려운 사람들의 이유

첫째, '안정적인 직업'이라는 환상 때문이다.

나는 많은 강연회를 통해 청년들의 고민을 생생하게 들어볼 기회를 가진다. 젊은 그들은 대부분 '직업'에 대한 불안을 갖고 있다. 안정적인 직업을 얻기 위해 청춘을 불사른다.

직업은 중요하다. 한두 번의 숙고와 선택으로 직업을 결정해서는 안 된다. 20대라는 젊은 나이에 안정적이라고 선택한 직업이 평생의 업이 될 리는 만무하다. 그럼에도 청년들은 한 번 선택한 직업을 얻기 위해 너무나 많은 에너지를 거기에 쏟는다. 그들에게 '다른 길이 있다'는 메시지는 우이독경이다.

위너들은 말한다.

"20대가 평생 직업을 선택하는 결정을 내리는 데 적기일까? 전혀 그렇지 않다. 수많은 선택을 통해 다양한 시행착오가 가장 잘 어울리는 나이가 20대다. 이 시기에 강력한 질문은 '내가 어떤 일을 좋아하는가?'다. 좋아하지 않는 일을 날마다 하기에는 인생이 너무 짧다는 상투적인 이유 때문이 아니다. 어떤 직업을 선택하든 간에, 당신은 그 일을 진짜로 좋아하는 사람들과 경쟁해야 하기 때문이다."

진짜로 그 일을 좋아하는 사람과 어쩔 수 없이 그 일을 하는 사람 사이에 과연 경쟁이 가능하기는 할까? 탄탄한 직업을 얻기 위해서는 경쟁에서 이겨야 한다. 내가 정말 좋아하고 잘하는 일을 찾아 떠나는 '모험과 용기와 도전'을 선택하지 않으면 절대 안정적인 직업을 얻을 수 없다.

둘째, '나중에' 결정해도 된다는 착각 때문이다.

결정을 자꾸 미루는 이유는 자기 자신을 신뢰하지 못해서다. 중요한 결정을 미룰수록 현재의 삶은 취약해진다. 빨리 중요한 결정을 해야 한다는 압박감에 눌려 계속 고민과 생각만 많아진다. 이는 '왜 이렇게 나는 우유부단할까…'라는 자책과 죄책감으로 이어지고 결국 꼭 내려야 할 중요한 결정이 불가능해지는 상황에 이르고 만다.

위너들은 말한다.

"중요한 결정을 미루고 있다는 것은, 그 결정을 내리지 않겠다는 결정을 내린 것이다."

아무런 결정도 내리지 않은 상태란 가능하지 않다. 결정을 내리지 않은 것 자체가 하나의 결정이기 때문이다. 결정을 미루고 있다는 것은 모든 것을 기존에 해오던 대로 놔두겠다는 결정을 내린 것과 같다. 이런 상태가 오래 지속되면 삶은 어떻게 될까?

위너들은 당신의 목표가 움직이는 에스컬레이터 위에 있다고 상상해볼 것을 주문한다. 목표를 물끄러미 바라만 보면, 목표는 계속 당신에게서 멀어져간다. 결정을 미루고 망설이는 동안 당신의 목표는 당신의 손이 미치지 않는 곳으로 사라지고 만다.

중요한 목표가 생겼다면 즉시 에스컬레이터에 올라타야 한다. 즉시 실행에 옮기는 결정을 내려야 한다.

셋째, '잘못된' 결정에 대한 두려움 때문이다.

하지만 '잘못된' 결정이란 존재하지 않는다. 어떤 특정한 결정을 내렸다는 것은 다른 대안들을 버렸다는 의미다. 잘못된 결정이 아니라 '다른' 결정을 내렸을 뿐이다.

여름 휴가를 바다로 떠날지, 산으로 향할지 고민하다가 산행을 선택했다고 해보자. 그리고 산에서 보낸 열흘 내내 폭우가 몰아쳤다고 해보자. 이 결과를 두고 잘못된 결정을 내렸다고 자책할 일인가?

전혀 그렇지 않다. 산이 아니라 바다로 떠났어야 멋진 휴가가 됐을지는 알 수 없다. 날씨는 눈부시게 맑았지만 식중독에 걸려 숙소 침대에 내내 누워 있는 신세였을 수도 있다. 산으로 떠났는데 폭우 때문에 산장에 갇혔지만 그곳에서 평생의 인연을 만날 수도 있다.

잘못된 결정은 없다. 그러니 두려움도 없다.

위너들은 말한다.

"생각만 해도 두근거리는 목표나 꿈이 있지 않은가? 즉시 그걸 찾아나서는 결정을 내리면 된다. 인생에서 그것 말고 성공에 이르는 다른 길은 없다."

그러니 신속하게 결정하라.

당신의 '결정 근육'을 키워나가라.

자신의 가치를 평가절하하지 마라

다음과 같이 상상해 보라.

앞으로 몇 년 후 한 사람이 당신의 삶에 새롭게 등장할 것이다. 그는 당신의 집 열쇠와 자동차를 갖고 있을 것이다. 당신의 집에서 살고, 당신의 식탁에 앉을 것이다. 그리고 당신이 열심히 일해 구입한 모든 물건, 당신이 아끼는 모든 물건을 사용할 것이다. 당신의 통장거래 명세서를 읽고, 당신이 지난 몇 년 동안 실제로 어떤 일들을 했는지 체크할 것이다. 그는 당신의 침대에서 잠을 잘 것이다. 그는 다름 아닌 바로 몇 년 후의 당신이다.

당신이 오늘 내리는 결정과 오늘 실행에 옮긴 일, 오늘 포기한 일들이 몇 년 후의 당신을 만들어낸다. 몇 년 후 당신을 찾아올 그는 어떤 모습일까? 어떤 일을 하고, 어떤 친구들과 함께 지낼까? 수준 높은 삶을 누릴까? 충만한 삶을 사는 유쾌한 사람일까?

답은 오늘 당신이 선택한 결정에 달려 있다.

자존감이 낮은 사람은 아무런 위험을 감수하지 않음으로써 자신을 보호한다. 이 때문에 많은 사람들이 자신이 전혀 좋아하지 않는 무언가에 매달려 오늘을 살아낸다. 마음에 들지 않는 삶을 계속 견뎌내는 것, 그것이 가장 큰 위험이라는 사실을 간과한 채.

위너들은 말한다.

"위험하지 않는 삶을 지금 살고 있는가? 그렇다면 당신은 더 아래로 떨어질 수 없는 바닥에 웅크려 있는 것이다."

위너들의 공통점은 결정은 신속하게 내리고, 그 결정을 오랫동안 고수한다는 것이다. 평범한 사람들은 이와 반대로 행동한다. 결정을 내릴 때 오랫동안 망설이고, 그 결정을 쉽게 뒤엎는다. 위너들이 신속하게 결정할 수 있는 이유는, 아무런 결정을 내리지 않는 것보다는 차라리 나쁜 결정을 내리는 편이 인생에 도움이 된다는 사실을 알고 있기 때문이다.

위너들은 말한다.

"뚜껑을 열었을 때 그 결과가 항상 좋은 것이기를 기대하지 마라. 그런 기대가 결정을 미루게 하고, 새로운 결정을 두려워하게 한다. 뚜껑을 열 때 어떤 결과가 나올지 몰라 가슴이 두근거리는 삶을 살아야 한다. 결과는 정말 아무것도 아니다."

신속한 결정의 열쇠는 자신의 가치를 아는 것이다. 자신의 가치를 분명하게 아는 사람은 쉽게 결정을 내리고, 도전하고, 깨지고, 다시 일어설 줄 안다. 그것이 바로 성공하는 삶이다.

◆◆◆ 실천 연습 ◆◆◆

1. 신속하게 결정하는 능력을 훈련한다. 결정을 내릴 때마다 강화되는 근육이 있다고 상상한다. 식당에서 메뉴판을 15분 동안 들여다보고 나서는 가장 평범한 스파게티를 주문하는 사람이 되어서는 안 된다. 오늘부터 중요하지 않은 사소한 결정에는 30초 이상 쓰지 않는다.

2. 결정을 내릴 때마다 스스로에게 질문한다. 지금 내리는 결정이 나와 내 사람들을 행복하게 만들어줄까? 이를 통해 내면의 목소리에 귀 기울이는 법을 배운다.

3. 다음의 질문에 대한 답을 주기적으로 노트에 적는다. 5년 후 어떤 사람이 되고자 하는가? 5년 후 무슨 일을 하려 하는가? 5년 후 무엇을 소유하고자 하는가? 그런 다음 기록한 답들을 방해하는 평소 행동이나 습관의 목록을 만들어 적어넣는다. 그러면 그것들과 이별할 방법들이 자연스럽게 떠오를 것이다.

4. 오래 전부터 미루어온 '어려운' 결정이 있는지 살펴본다. 그러면 자연스럽게 그 미루어두었던 결정에 도움을 줄 사람이 떠오를 것이다. 그들의 조언과 경험을 공유할 방법을 모색해본다. 마지막으로 미루어온 결정을 내려야 할 데드라인을 정해 노트에 정리한다.

배우고 성장하라

고대 인도의 창조 설화에 따르면 신은 가장 먼저 조개 하나를 만들었고, 그 조개를 바다의 바닥에 놓아두었다. 조개는 그 고요한 심해에서 생동감 없는 삶을 살았다. 하루 종일 입을 열어 약간의 바닷물을 흘러들어오게 한 다음 다시 입을 닫는 것 외에는 할 일이 없었다.

그다음 신은 독수리를 창조해 하늘을 날아 가장 높은 산의 정상까지 올라갈 자유를 주었다. 독수리는 마음만 먹으면 어디에든 도달할 수 있었다. 단, 이러한 자유를 누리기 위해 한 가지 대가를 치러야 했다. 다시 말해 독수리는 날마다 먹잇감을 얻기 위해 '투쟁'해야만 했다. 독수리에게는 아무것도 거저 주어지지 않았다. 새끼가 있는 독수리는 충분한 먹이를 마련하기 위해 해가 져도 사냥을 해야 했다. 하지만 독수리는 그 대가를 기꺼이 치렀다.

마지막으로 신은 인간을 창조한 뒤 처음에는 조개에게, 그 다음에는 독수리에게 데려갔다. 그러고 난 후 인간에게 두 개의 삶 중 하나를 선택할 것을 지시했다.

삶을 확장하라

우리는 이처럼 두 가지 삶의 유형 중 하나를 선택할 권리를 부여받았다. 조개의 삶은 자신의 지평을 확장시킬 기회를 간과하는 사람들을 상징한다.

성공학의 대가 나폴레온 힐Napoleon Hill은 이렇게 말했다.

"어떤 사람들은 과식 탓에 일찍 죽고 어떤 사람들은 과음으로 일찍 세상을 뜬다. 또 어떤 사람들은 할 일이 없어 빨리 늙어 죽는다."

독수리의 삶을 선택한 사람은 분명 쉽지 않은 길을 가야 한다. 이 험난한 길을 완주하는 방법은 하나밖에 없다고 위너들은 설명한다.

"당신은 배우고 성장할 기회를 얻으면 진심으로 기뻐하는가? 그렇다면 당신은 독수리의 자유를 선택한 사람이다. 성공하는 사람들이 왜 한결같이 탐독가인 줄 아는가? 배우고 생존

하고 번영하고 확장하는 데 독서만큼 가성비가 좋은 방법이 없다는 것을 잘 알고 있기 때문이다. 성공하는 삶이란 특별할 것이 없다. 똑같이 주어진 시간 안에서 더 많이 배우고 더 많이 성장하는 삶, 그것이 가장 성공한 삶이다."

성장은 유전자 코드의 핵심이다

'살아있다'의 정의는 무엇인가?

바로 '성장한다'는 것이다. 그렇다. 살아있는 모든 것은 성장한다. 바닷속 산호를 떠올려보라. 산호가 성장과 변화를 멈추면, 죽어 있는 돌일 뿐이다.

따라서 성장은 생명의 원칙이다. 키가 자라고 몸무게가 커지는 단순한 물리적 성장이 전부가 아니다. 목표를 향한 성장, 즉 진화해나가는 것이 중요하다. 진화는 생존 능력을 키우기 위한 성장, 발전해 나가기 위한 성장이다.

아이들을 관찰해보라. 그러면 평생에 걸쳐 성장하고 배우는 것이 인간의 본성임을 알게 된다. 아이들은 끊임없이 탐구하고, 새로운 것에 겁 없는 호기심을 나타내고, 적극적인 경험을 강렬하게 추구한다. 아이들은 모험을 즐긴다. 몸을 사리지 않는다. 재미있고 신이 나기만 하면 넘어져 무릎이 까지는 것쯤은 문제가 전혀 되지 않는다.

내가 지금껏 만난 위너들은 모두 아이들처럼 뜨겁게 배우는 사람들이었다. 그들의 독서는 조용하지 않다. 그들의 독서는 요란하고 맹렬하고 활기에 넘친다. 마치 책을 통째로 씹어 먹는 괴물 같다. 사람들과의 토론을 즐기고 그 누구보다 퀴즈를 좋아한다. 찾아낸 답이 오답일지 몰라 내놓기 망설이는 행동 따위는 꿈에도 하지 않는다. 그들은 끊임없이 뭔가를 읽고, 쓰고, 내놓는다. 더 나은 답과 결론이 나타나면 과거의 답을 거리낌 없이 휴지통에 던져버린다.

위너들은 말한다.

"배움과 성장을 즐기는 사람이 성공할 확률이 높은 이유는 그 과정을 통해 인생을 수정하는 것이 두려움이 아니라 얼마나 즐거운 일인지를 알게 되기 때문이다."

배움과 성장이 없으면 '변화'는 일어나지 않는다. 입을 여닫는 일로 평생을 보내는 조개는 '변화'가 어떤 말인지조차 알지 못한다.

위너들은 다시 말한다.

"배움과 성장을 멈추면 삶은 공허해진다. 욕구가 충족되지 않기 때문이다. 충족되지 않은 욕구는 삶의 기쁨과 에너지를 앗아간다."

배움과 성장이 정지한 상태란 존재할 수 없다. 비단 개인뿐 아니라 경제, 정치, 문화 등 인류의 사회 시스템과 영리를 추구하는 기업들은 모두 성장 아니면 쇠퇴의 길을 걷고 있다. 일정한 수준에 이르러 이제 그만 성장해도 될 것 같다는 생각을 갖는 순간부터 지구상의 모든 것은 취약해지기 시작한다.

위기경영의 대가인 에드워즈 데밍Edwards Deming 박사는 이렇게 말했다.

"탁월함이란 매우 높고 특별한 수준에 이른 것만을 의미하지 않는다. 생동감에 넘치는 다이내믹한 프로세스를 거치면서 지속적으로 개선되는 것, 그것을 우리는 '탁월함'이라고 부른다."

배움과 성장은 인류 진화의 근본 원리다. 이를 거스르는 사람이 성공한 사례는 없다. 나아가 배움과 성장은 인간 삶의 진정한 의미다.

위너들은 말한다.

"마약, 술, 담배, 도박에서 얻는 쾌락보다 백 배는 더 짜릿한 희열을 꾸준히 배우고 성장할 때 얻을 수 있다. 다만 그 희열을 경험해본 사람이 아직까지 많지 않을 뿐이다."

이는 행복과 성공을 얻는 사람이 언제나 소수인 이유 또한 명쾌하게 설명해준다.

그렇다면 왜 많은 사람이 배움과 성장을 포기하는 것일까?

첫째, 자신이 더 이상 나아질 수 없다는 체념 때문이다. 열심히 해도 별로 좋아지는 것 같지 않다는 느낌이 그 동안의 노력을 '시간 낭비'로 폄하시킨다. 하지만 영국의 가수 데이비

드 보위David Bowie는 이렇게 말했다.

"당신이 더 이상 나아질 수 없다고 생각하는 날, 그날부터 당신은 항상 같은 노래만 부르기 시작한다."

그렇다. 삶이 나아지지 않는 이유는, 삶이 앞으로 나아가지 못하고 계속 같은 자리를 맴도는 이유는, 당신이 더 나아지지 않을 것이라고 생각하기 때문이다. 어제와 똑같은 삶을 오늘과 내일도 반복하기 때문이다.

둘째, 배움과 성장이 없어도 삶에 전혀 해롭지 않은 느낌을 갖기 때문이다. 나이가 많아서, 회사 일이 바빠서, 학력이 짧아서 배우고 성장할 기회가 없다는 생각이 우리를 정형화된 행동 패턴에 고착시킨다.

위너들은 말한다.

"세상에서 가장 위험한 중독은 '낮은 수준의 삶'에 집착하는 것이다."

세상에서 가장 위험한 태도는 마땅히 누려야 할 수준보다 한참 낮은 수준의 삶에 머물러 있으면서 성공을 위해 열심히 노력하는 사람을 손가락질하고 비난하고 조롱하는 것이다.

멀어질 것인가, 가까워질 것인가

뜨거운 물이 가득 담긴 냄비에 개구리를 넣으면, 개구리는 즉시 냄비 밖으로 점프해 탈출한다. 하지만 차가운 물이 담긴 냄비에 개구리를 넣은 다음 천천히 가열을 시작하면 긴장을 풀고 물이 천천히 따뜻해져가는 것을 즐기던 개구리는 곧 끓는 물에 삶길 것이다.

인간의 삶도 개구리와 마찬가지다.

삶에서 많은 일은 천천히 전개된다. 당신이 아침에 눈을 떴는데 갑자기 6만 달러의 빚이 생겼다면? 당신은 정신을 바짝 차리고 위기를 탈출할 궁리를 시작할 것이다. 하지만 오늘 80센트, 내일 1달러 등과 같은 식으로 빚이 조금씩 조금씩 늘어간다면 이를 대수롭지 않게 여길 것이다.

삶에서 모든 일은 '합산'으로 나타난다. 조금씩 조금씩 빚을 지면 어느 날 갑자기 가난해질 것이고 조금씩 조금씩 저축을 하면 어느 날 문득 부자가 되어 있을 것이다.

하루아침에 몸무게가 30킬로그램이 불어나는 경우는 인생에서 일어나지 않는다. 반면에 하루에 1킬로그램씩 늘어나는 경우는 비일비재하게 일어난다. 작은 변화들이 합산되어 인생의 질을 완전히 바꿔놓는다. 목표에 근접하게 만들거나, 목표에서 멀어지게 만든다. 그 중간은 없다.

따라서 우리는 항상 스스로에게 물어야 한다.

"나는 지금 어떤 방향으로 가고 있는가?"

배움과 성장은 조금씩 조금씩 우리를 우리가 원하는 방향으로 이끌어간다.

우리가 오늘 사과를 하나 먹든 초콜릿 바를 하나 먹든, 좋은 책을 한 권 읽든 TV 드라마를 보든, 10달러를 절약하든 10달러를 써버리든 간에, 지금 당장은 아무런 차이가 없어 보인다. 하지만 10년이 지나면 이 둘 사이의 커다란 차이가 눈으로 뚜렷하게 확인된다.

초콜릿, 드라마, 그리고 지출은 비만, 단편적인 사고, 빈곤으로 이어진다. 과일, 좋은 책, 그리고 절약은 건강, 지식, 경제적 안정으로 이어진다.

삶은 우리가 내린 모든 결정의 총합이다.

1퍼센트의 기적

미국 농구 역사상 가장 성공한 코치는 팻 라일리Pat Riley다. 1986년 그가 맡았던 LA 레이커스Los Angeles Lakers 팀의 선수들은 아무리 노력해도 더 이상 성적을 끌어올릴 수 없을 것이라는 우울한 체념에 물들어 있었다. 팻 라일리는 선수들에게 이렇게 말했다.

"각자 1퍼센트씩만 기량을 끌어올리자!"

1퍼센트는 코웃음이 나올 만큼 작은 수치처럼 보였다. 하지만 라일리는 선수들에게 다음과 같은 계산을 보여주었다.

"우리 팀의 12명이 농구의 5가지 요소에서 각각 1퍼센트씩 기량을 향상시키면 팀 전체의 경기력이 무려 60퍼센트나 증가한다. 농구 같은 팀 경기에서는 10퍼센트만 끌어올려도 충분히 우승할 수 있다!"

라일리의 말에 선수들은 점점 자신감을 보였다. 1퍼센트는 달성 가능한 목표처럼 보였다. 마침내 팀은 어렵지 않게 우승을 거머쥐었다.

인생도 마찬가지다.

농구 경기가 5명이 뛰는 팀 스포츠인 것처럼 인생에도 5개의 포지션이 존재한다. 건강, 인간관계, 재무상태, 감정상태, 그리고 직장 업무에서 1퍼센트씩만 그 효율성을 올리겠다는 결심을 해보라. 1년만 이를 꾸준히 실행에 옮길 수 있다면, 당신 삶의 체력과 실력은 정상권에 올라 있을 것이다.

마법의 물약

프랑스 애니메이션 〈아스테릭스Asterix〉의 주인공 아스테릭스는 마시면 슈퍼 파워가 생기는 마법 물약이 다 떨어지자 그 레시피를 찾기 위해 모험을 떠난다.

당신에게도 성공하려면 마법의 물약이 필요하다. 그것은 다름아닌 당신에게 무의식적으로 강력한 영향을 미치는 독서, 일기 쓰기, 세미나 참석, 산책과 운동이다. 이 약들은 어려운 상황이 닥칠 때마다 당신을 구원할 것이다.

위너들은 말한다.

"퀴즈 대회에서는 현재 라운드의 정답을 맞혀야 계속해서 다음 라운드로 진출한다. 인생도 마찬가지다. 한 계단 한 계단 올라서기 위해서는 계속해서 현명한 답을 제시해야 한다. 배움과 성장만이 그 답을 찾는 유일한 방법이다."

우리에게는 본보기가 되어주는 사람, 영감을 주는 책, 실수를 반성하고 자신감 회복을 돕는 일기가 필요하다. 새로운 길을 제시해주고 동기를 부여해주는 세미나와 강연이 필요하다. 배움과 성장은 결코 우리를 배신하지 않는다.

매일, 매주, 매달, 매년이 지날 때마다 과거의 자신과 멀어지면 멀어질수록 그만큼 당신이 원하는 모습에 가까워진다. 아스테릭스처럼 마법의 물약을 찾아 모험을 떠날 필요 없다. 당신이 간절히 원하는 마법의 물약은 언제나 당신 곁에서 당신을 기다리고 있다.

1. 매달 나의 롤모델이 추천하는 책을 최소한 두 권 이상 읽을 것이다. 종종 일주일에 두 권을 읽는 마법도 부려볼 것이다.

2. 함께 모여 공부하는 커뮤니티를 관심 있게 찾아볼 것이다.

3. 지금까지 써온 '성공 일기' 외에 두 개의 일기를 추가한다. 그 중 하나는 '깨달음-일기'다. 나의 모든 실수 및 실수를 통해 얻은 교훈을 '깨달음-일기'에 기록한다. 그리고 모든 새로운 아이디어를 '아이디어 일기'에 기록한다.

4. 언젠가 꼭 만나볼 멘토 10명을 정해 리스트를 작성해둔 다음 주기적으로 업데이트할 것이다. SNS 미디어 시대에 만날 수 있는 방법은 얼마든지 있다는 사실을 잊지 않을 것이다.

시간과 함께 뛰어라

한 주 동안 몹시 바빴던 여성 CEO가 모처럼 휴식을 위해 차를 몰고 해변으로 갔다. 그녀는 해변에서 멜로니라는 어린 소녀를 알게 되었다. 소녀는 인근의 오두막에서 살고 있었다. 멜로니의 밝은 기운이 그녀에게도 전해졌다. 두 사람은 모래사장에서 함께 신나게 놀았다. 그런 다음 잠시 쉬고 있을 때, 제비 한 마리가 두 사람 곁을 미끄러지듯 날아갔다.

"저기 기쁨이 날아가네요."

소녀가 제비를 가리키며 말했다.

"뭐가 날아간다고?"

"기쁨이요! 엄마는 항상 제비가 기쁨을 가져다준다고 말씀하세요."

어둠이 내릴 무렵 그녀는 멜로니와 작별인사를 하고 집으로 향했다. 그후 그녀는 '제비'가 필요하다고 느낄 때마다 해변으로 가 멜로니를 만나 즐거운 시간을 보냈다. 종종 두 사람은 나란히 앉아 조용히 제비를 바라보았다. 점점 그녀는 제비가 정말 기쁨을 가져다준다고 생각하게 되었고, 멜로니를 특별한 친구로 여기게 되었다.

그러던 어느 날 그녀는 슬픔에 잠긴 채 해변으로 갔다. 멜로니는 여느 때처럼 기쁨에 넘치는 얼굴로 인사를 했다. 하지만 그녀는 그날만큼은 혼자 있고 싶었다.

"오늘, 내 어머니가 돌아가셨어. 그러니 날 좀 가만히 내버려둬."

"어머니가 세상을 떠나실 때 아프셨나요?"

"당연히 아프셨지."

그녀는 쌀쌀맞게 대꾸하고는 혼자 우두커니 서 있는 멜로니를 쳐다보지도 않았다. 몇 주 후 그녀는 기분이 조금 나아졌고, 멜로니에게 차갑게 군 것이 마음에 걸려 다시 해변으로 갔다. 하지만 멜로니의 모습은 보이지 않았다.

그녀는 오두막으로 찾아갔다. 무척 슬퍼 보이는 젊은 여성이 그녀에게 집 안으로 들어오라고 했다. 그녀가 자신을 소개했다.

"저는 멜로니를 찾고 있어요. 우린 늘 함께 아주 재미있게 놀았지요. 그런데 멜로디는 지금 어디에 있나요?"

"멜로디는 지난주에 하늘나라로 갔어요. 백혈병을 앓고 있었거든요. 아마 멜로니가 자신의 병에 관해서는 아무 말도 하지 않았을 거예요."

그녀는 명치를 세게 얻어맞은 기분이었다.

멜로니의 엄마가 말을 이었다.

"멜로니는 이 해변을 무척 좋아했어요. 이곳에 와서 살자고 제게 부탁했을 때, 거절을 할 수가 없었지요. 이곳에서 지내면서부터 몸이 훨씬 좋아지는 것 같이 보였어요. 아주 행복한 날들도 있었고요. 하지만 갑자기 건강상태가 악화되었어요…"

멜로니의 엄마는 목이 메어 말을 잇지 못했다.

"그 아이, 그 아이가… 당신께 전해달라고 부탁한 것이 있어요."

멜로니의 엄마는 그녀에게 알록달록하게 색칠된 봉투 하나를 건네주었다. 봉투 겉면에는 '나의 친구에게'라고 적혀 있었다. 봉투를 열어 보니 멜로니가 직접 그린 '두 사람의' 해변 그림이 들어 있었다.

황금빛 모래, 파란 바다, 커다란 제비가 그려져 있었다. 그림 아래쪽에는 "제비가 나의 친구에게 기쁨을 가져다줄 거예요”라는 글귀가 정성스럽게 적혀 있었다.

그녀는 흐르는 눈물을 더 이상 참을 수가 없었다. 그녀는 멜로니의 엄마를 꼭 껴안았다.

멜로니가 그려준 그림은 오늘도 그녀의 책상 위쪽 벽의 잘 보이는 곳에 걸려있다. 어린 소녀의 선물은 그녀에게 기쁨에 관한 소중한 가르침을 선물해주었다.

비극은 삶의 일부다

우리는 슬픈 일을 겪고 나서야 비로소 바보 같은 짓을 멈추고 삶에서 진실로 중요한 것이 무엇인지를 깨닫는다. 바쁘다는 이유로 아름다움을 누리지도 않고, 주변 사람들에게 고마워하지도 않는다. 그러다가 감당할 수 있는 한계를 뛰어넘는 일이 발생하고, 이를 견디지 못한 채 철저하게 무너지고 만다.

비극은 삶의 일부다. 누구도 이를 피할 수 없다. 피할 수는 없지만 무너지지 않고 극복할 수는 있다.

미국 대통령을 지낸 조지 부시George Bush와 바버라 부시Barbara Bush 부부에게는 로빈이라는 딸이 있었다. 로빈은 세 살이라는 너무도 어린 나이에 세상을 떠났다. 하지만 부시 부부는 다음과 같은 놀라운 반응을 보였다.

“우리 부부는 로빈이 웃고 뛰어다녔던 곳에 우리가 함께 있었다는 사실에 기뻐합니다. 로빈이 우리 곁을 떠난 걸 슬퍼하기보다는 함께한 시간에 감사합니다. 로빈 덕분에 지금 이 순간 우리와 함께 살아가는 이 땅의 모든 사람을 더욱 사랑하고 존중하게 되었습니다. 우리는 울지 않을 것입니다. 로빈은 우리의 삶에서 가장 행복하고 밝은 빛이었기 때문입니다."

카르페디엠!

하루하루 힘겹고 지칠 때는 다음의 질문을 떠올려보라.

'5년 후에는 지금 나를 힘들게 하는 것들 중 무엇이 남아 있을까?'

답은 '아무것도 남아 있지 않다'다. 5년 후에도 여전히 당신을 힘들게 하는 것들이 고스란히 남아 있다면, 당신은 지금보다 훨씬 이전에 일찌감치 무너졌을 것이다.

물론 5년 후에는 새로운 고민과 걱정에 시달리고 있을지도 모른다. 하지만 글자그대로 '모른다'다. 어떤 일이 일어날지 모를 때는 그 모르는 것을 걱정하는 것만큼 어리석은 일도 없다. 그럴 때는 소중하고 감사한 것들을 찾아야 한다. 소중하게 여겨야 할 것들을 소중히 여기고 감사해야 할 것들에 감사하는 것, 그것이 5년 후를 준비하는 지혜다.

위너들은 말한다.

"성공하는 사람들의 언어 습관이나 인터뷰 등을 면밀히 살펴보면, 그들은 '마법 같은 순간들'이라는 표현을 즐겨 사용한다는 것을 알 수 있다. 마음을 행복과 평화로 가득 채웠던 마법 같은 순간들을 힘들고 괴로웠던 순간들보다 훨씬 더 많이 떠올리고 이에 대해 눈빛을 반짝거리며 이야기하기를 좋아한다. 그들은 언제나 절망, 슬픔, 우울, 괴로움이 아니라 행복한 마법 같은 순간들에 먹이를 주어 키운다."

당신은 지금 무엇에게 먹이를 주고 있는가?

시간 관리의 함정

우리는 지금 '시간 관리'라는 강박에 매몰되어 있다. 가장 큰 문제점은, 하루에 한 시간은 그토록 아끼면서, 몇 년이라는 긴 시간은 방치해놓고 있다는 것이다. 자신의 목표를 제대로 알지 못한 채 시간 관리에 매달리는 사람은 잘못된 목표에 남보다 더 빨리 도달할 뿐이다. 그 결과, 중요하지 않은 무엇인가를 점점 더 뛰어나게 해낸다.

나아가 어느 순간 아무 할 일이 없으면 일종의 죄책감을 느낀다. 뭔가를 해야 한다는 강박에 휩싸인다. 쉴 새 없이 뭔가를 행하지 않으면 지루해한다. 잠시도 가만 있지를 못한다. 가만히 앉아 생각을 풀어놓고 지금 이 순간을 살아가고 있는 자신을 발견하는 시간을 확보할 엄두를 내지 못한다. 시간은 언제나 나 자신을 위해 존재해야 하는데, 시간을 위해 내가 존재한다.

위너들은 말한다.

"수첩에 해야 할 일과 스케줄이 빡빡하게 적혀 있어야 성공한 것처럼 느끼는 사람들이 정말 많다. 하지만 그들은 결코 자신이 성공했다고 생각하는 순간에 도달하지 못한다. 그들은 그들이 원하는 미래가 도착한 날에도 고개를 저으며 또 다른 미래를 위해 달린다. 죽는 그날까지 그렇게 달릴 수 있으면 다행이다. 하지만 인생의 막바지에 이르러 그들은 예외없이 깨닫는다. 인생은 끝없는 맹목적인 달리기가 아니었다는 것을. 뼈아픈 후회가 찾아오고 결국 그들은 누구보다 빨리 달렸지만 누구보다 늦게 도착했다는 탄식 속에서 눈을 감는다."

우리는 시간보다 시계를 찬양하고, 나침반보다 시곗바늘에 집착하며 살아간다. 삶의 진정한 의미가 무엇인지를 깨달을 때는 이미 되돌릴 수 없는 시간이 지나고 나서다.

뼈아픈 후회와 뒤늦은 탄식에서 벗어나는 유일한 지혜는 지금 이 순간, 지금 이 시간을 사는 것이다.

성공하는 사람은 시간과 함께 뛴다

성공하는 사람들은 정신없이 바빠보인다. 불철주야 각고의 노력 끝에 탁월한 성취를 얻은 것처럼 보인다.

하지만 이는 착각이다.

그들은 분명 바쁘게 살아가고 원하는 것을 얻기 위해 남다른 노력을 기울인다. 그런데 생각해보라. 바쁘게 살면서 뜨거운 노력을 기울이는 사람이 어디 한둘인가? 우리는 대부분 그렇게 살아가고 있지 않은가? 그러니 바쁨과 노력이 탁월함과 평범함을 가르는 기준은 아닐 것이다. 그렇다면 무엇인가?

'여유'다.

위너들은 말한다.

"인생이 마라톤이라면 평범한 사람은 시간에 쫓기며 뛰고, 성공하는 사람은 시간과 함께 뛴다."

성공하는 사람은 무작정 뛰지 않는다. 더 멀리, 더 빠르게, 더 효과적으로 뛰기 위해 독서나 산책 같은 마법의 물약을 마실 줄 안다. 혼자 생각하는 순간을 즐길 줄 알고, 손목에 찬 시계를 들여다보지 않아도 시간의 흐름을 알아챌 줄 안다.

어떤 일을 하든 간에 시간과 보폭을 맞춰 함께 뛸 줄 아는 '여유'를 가진 사람이 이긴다. 여유를 가져야만 소중한 사람과 목표가 무엇인지 보인다. 내가 지금 뛰고 있는 이유가 무엇인지도 명확하게 알게 된다.

오늘을 살라는 것, 지금 이 순간을 살라는 것은 바로 이 '여유'를 확보하라는 것이다.

위너들은 말한다.

"정말 열심히 노력했지만 목표 달성에 실패하는 사람들이 있다. 이유는 그들이 '노력'밖에 하지 않았기 때문이다. 누구나 바쁘게 살아가는 시대에는 '바쁘게 노력하는 것'이 별로 어려운 일이 아니다. 반면에 정신없이 바쁜 시간을 쪼개고 쪼개 '여유를 갖는 것'은 아무나 할 수 있는 일이 아니다. 아무나 할 수 없는 일을 하는 사람이 언제나 승자가 된다."

예로부터 독일에는 이런 우화가 전해진다.

한 소녀가 번개가 내리치는 숲 속에 홀로 있었다. 소녀의 어머니는 걱정 끝에 소녀를 찾으러 길을 나섰다. 드디어 소녀를 찾았을 때 어머니는 눈이 휘둥그레졌다. 숲 속 너른 공터 위에 서 있던 자신의 딸이 번개가 내칠 때마다 하늘을 올려다보며 미소를 짓고 있었다.

놀란 어머니가 물었다.

"애야, 너는 번개가 무섭지도 않니?"

소녀가 답했다.

"하나도 안 무서워요. 신께서 제 사진을 찍으시는 거잖아요."

우리는 이 소녀의 여유를 배워야 한다. 천천히 걸으며 깊이 생각할 시간을 가져야 한다. 빈틈없이 살지 말고 빈틈을 만들어가며 살아야 한다.

여유와 빈틈은 삶의 방향을 바꾸는 촉매 역할을 한다. 우리에게 진실로 필요한 것은 노력에 앞서 '관점을 바꿀 줄 아는 용기'다. 실패하는 사람들은 대부분 노력에만 열중하느라 자기 삶의 전체적인 방향과 관점을 전환할 생각과 여유와 시간을 갖지 못했기 때문이다.

위너들은 연금술사다. 그들은 지금 자신들이 발딛고 있는 순간이 설령 최악의 상황이라 할지라도 이를 번개가 내려치는 숲 속의 소녀처럼 황금빛 순간으로 바꿀 줄 안다.

지금 이 순간, 세상에는 정말 많은 기적들이 일어나고 있다. 하지만 우리는 이를 '당연한 일'로 치부하고 만다. 사랑하는 사람들이 우리 곁에 있는 기적을 당연하게 여겨서는 안 된다.

위너들은 하루하루를 단 한 번밖에 없는 기회로 여기고 즐긴다. 위너들은 주변 사람들을 그 자체로 선물이자 기적이라 여기고 소중히 생각한다. 위너들은 삶의 토대를 이루는 소소한 것들을 온전히 의식하고 살아감으로써 힘을 얻는다. 위너들은 감사할 줄 알며, 좌절감에 굴복하지 않고, 자신의 삶에 행복해한다.

위너들은 오늘을 온전히 사용한다.

◆◆◆ 실천 연습 ◆◆◆

1. 내 삶을 충만하게 해주는 사람들을 의식적으로 떠올린다. 그리고 그들 중 한 명을 만나 마치 그를 다시는 보지 못할 것처럼 정성을 다해 함께 시간을 보낸다. 그러면 알게 된다, 내가 지금 이 순간에 어디에 도착해 있는지, 어디로 갈 것인지를.

2. 교통체증으로 도로에서 꼼짝 못하는 상황에서 짜증과 화를 행복과 여유로 바꿔놓는 방법을 모색해보라. 그 방법을 찾으면 탁월한 연금술사가 될 것이다.

3. 하루에 5분의 틈을 내 감사 일기를 써보라. 오늘 내가 감사해야 할 일을 3가지 정도 떠올릴 수 있으면, 그날을 성공적으로 살아낼 수 있게 될 것이다.

폭을 좁혀 깊게 파라

어느 날 제자가 스승에게 공손히 물었다.

"어떻게 해야 돈을 많이 벌 수 있을까요?"

스승이 마당에 심어진 나무들 중 하나를 가리키며 물었다.

"저것이 무엇인가?"

"무화과나무입니다."

"그래? 그 나무에 열매가 맺혀 있느냐?"

"아닙니다. 한여름인데도 열매가 없습니다."

스승이 담담하게 말했다.

"뽑아버려라. 우리 마당에 놔둘 필요가 없는 나무다."

이 이야기의 교훈을 알겠는가?

돈을 많이 벌고 싶다면, 자신의 가치를 시장에서 높은 가격으로 평가받고 싶다면 쓸모없는 나무들을 당신의 인생에서 뽑아버려야 한다.

폭을 좁히고 깊게 파라

나와 친분이 깊은 억만장자 사업가 클레멘트 스톤Clement Stone은 다음과 같이 말했다.

"당신의 가치는 무엇인가? 아름다운가? 우아한가? 품격이 있는가? 돈을 많이 벌고 싶다면 당신의 가치는 '돈이 되는 일에 뛰어난 집중력을 발휘한다'는 것이어야 한다."

이탈리아의 경제학자 파레토Pareto는 사람들이 올리는 소득의 80퍼센트가 전체 업무 활동의 20퍼센트에서 기인한다는 사실을 알아냈다. 즉 우리는 우리의 시간 중 80퍼센트를 가치 없는 일에 쓰고 있다.

돈을 벌지 못하는 이유는 돈이 되지 않는 일을 너무 많이 하고 있기 때문이다. 곰곰이 생각해보면 알게 될 것이다. 당신은 무료로, 보수를 받지 않고, 아무런 대가도 없이 엄청나게 많은 일을 해주고 있다는 것을.

돈을 벌려면 분명한 결과를 많이 내야 한다. 성공의 결과도, 실패의 결과도 풍부하게 내야 한다.

위너들은 말한다.

"이것저것 잡다하게 일을 벌이라는 것이 아니다. 핵심적인 몇 가지 일에 집중해 거기에서 다양한 결과를 얻으라는 것이다."

큰 이익과 가치를 창출하기 위해 고도의 지식과 숙련된 기술, 풍부한 경험을 요구하는 특별한 일을 찾으라는 것이 아니다. 위너들은 어렵고 특별한 일을 해내는 사람들이 아니다. 평범한 일을 특별하게 해내는 사람들이다.

마당에 무화과나무도 심고 복숭아나무도 심고 감나무도 심고 소나무도 심으면 보기에는 좋을 수 있다. 하지만 그 나무들 하나하나를 잘 키우려면 엄청난 시간과 노력이 소요될 것이다. 어쩌면 한 그루 나무조차 제대로 키워내지 못할 수 있다. 따라서 좋은 결과를 얻고 싶다면 일의 폭을 좁히고 깊게 파고들어야 한다. 동시에 돌보지 못해 폐목이 되어가고 있는 나무들을 방치해서는 안 된다. 과감하게 뽑아버리고 그 자리에 당신이 가장 잘 키울 수 있는 나무를 심어야 한다.

실패를 잘하라

폭을 좁혀 깊이 파고들기 위해선 먼저 해야 할 일이 있다. 더 많이 행하는 것이다.

무엇을 더 많이 행해야 하는가?

언제나 당신이 생각만 하고 말아버리는 그 일을 실행에 옮길 수 있어야 한다. 폭은 저절로 좁혀지는 것이 아니다. 폭을 좁히고 깊이 파고드는 능력은 무수히 실행에 옮긴 사람만이 가질 수 있다.

위너들은 말한다.

"실행력이 없는 사람은 실패를 두려워하기 때문이다. 하지만 아무리 강조해도 지나치지 않은 말이 있는데, 실패는 언제나 성공의 어머니다."

당신은 테니스를 배우고 싶다. 하지만 그 생각이 떠오르자마자 그 생각 옆으로 테니스를 배울 수 없는 수십 가지의 이유가 곧장 떠오른다. 직장인이라 레슨을 받을 시간이 마땅치 않다. 테니스 코트가 가까운 곳에 없다. 코치에게 운동 신경이 없다고 핀잔을 들을 것 같다. 아무래도 테니스 같은 격렬한 운동을 시작하기엔 너무 나이가 든 것 같다…

당신은 고개를 저으며 테니스 배우기를 포기한다. 하지만 테니스를 배우고 싶어 하는 당신의 생각은 머릿속 한켠에 자리를 잡고 사라지지 않는다. 방치된 채 점점 썩어가는 마당 한켠의 나무처럼.

우리가 생각은 많아지고 실행은 하지 않는 삶을 사는 이유가 바로 여기에 있다. 위너들은 당신이 테니스를 적어도 한두 달은 배워보고 나서 포기해도 포기할 것을 권유한다. 진짜로 테니스를 배우는 데 장애가 되는 것이 무엇인지를 경험을 통해 알고 나면, 그 경험은 다른 일을 시도하는 데 좋은 자산이 되어준다. 돈을 벌지 못하고 이익을 내지 못하고 유의미한 결과를 얻지 못하는 사람은 언제나 생각 속에서만 모든 것을 행하기 때문이다.

위너들의 말을 계속 들어보자.

"성공하는 사람들이 왜 자신의 성공을 행운으로 돌리는지 아는가? 겸손해서가 아니다. 정말 운이 따랐기 때문이다. 실패를 수없이 거듭하다 보니, 종종 실패하지 않는 운을 얻었기 때문이다. 성공하는 사람들이 평범한 사람들보다 잘하는 것이 있다면, 실패다."

돈을 벌고 가치를 높이고 싶은가? 그렇다면 스스로에게 질문을 던져라.

'나는 실패를 많이 하고 있는가?'

엄청나게 시도하라

어떤 분야에서든 성공하려면 'SINALOA'를 이해하는 것이 중요하다. 이는 'safety in numbers and the law of average'의 약자로, '당신의 안전은 숫자와 평균의 법칙에 있다'라는 뜻이다.

주사위를 단 한 번만 던지면 어떤 숫자가 나올지는 순전히 운에 달려 있다. 주사위를 열 번 던지더라도, 어떤 숫자가 나올지는 여전히 운에 달려 있다. 반면 주사위를 백오십 번 던졌다면, 평균의 법칙이 적용된다. 주사위를 던지는 횟수가 많아질수록 주사위의 각 숫자가 나오는 빈도가 서로 동일할 확률이 더 높아진다.

다시 말해 성공을 보장하는 방법은 하나뿐이다. 몇 가지 일을 자주 행하고 연습하고 훈련하면 그만큼 시행 횟수가 높아지기 때문에 운을 넘어 평균의 법칙이 적용되기 시작한다. 그러면 당신이 하는 일의 성공 확률을 계산할 수 있다.

당신에게 가장 중요한 일이 무엇이든 간에, 당신은 그 일을 엄청나게 자주 행해야 한다. 그러면 분명 성공을 보장받을 수 있다. 성공하는 사람은 평범한 사람보다 압도적으로 실행에 옮긴다. 다시 말하지만 우리가 실패하는 이유는, 실패를 많이 하지 않았기 때문이다.

위너들은 말한다.

"실패하지 않는 삶을 사는 사람은 주사위를 한두 번 던지는 것으로 생의 모든 것을 거는 도박을 하고 있는 것과 같다."

인생의 유일한 진리가 있다면, '어떤 일을 자주 하면 할수록 성공의 가능성 또한 그만큼 커진다'다.

IBM의 창업자 토머스 존 왓슨 시니어Thomas John Watson Sr.는 '어떤 인재가 회사에서 승진할 수 있는가?'라는 기자의 질문에 이렇게 답했다.

"실수와 실패를 남들보다 두 배로 많이 하는 직원이다."

압도적으로, 엄청나게 실행하고 다른 사람들보다 몇 배, 몇 십 배 더 실패하라. 실패한 경험들이 더 크고 위대한 성공으로 당신을 이끌 것이다.

◆◆◆ 실천 연습 ◆◆◆

1. 아침에 눈을 뜨면 이런 질문을 던지는 습관을 들여라. '오늘도 나는 실패할 준비가 되어 있는가? 출근해서 첫 번째로 내가 하는 일이 내 이익과 가치를 창출하는 데 기여하는가?'

2. 성공한 사람들의 실패담을 한 달에 한 번 이상 경청한다. 그들의 인터뷰, 동영상, 강연 등을 통해 최대한 실패담을 수집한다. 타인의 실패담은 내가 실패를 두려워하지 않는 데 큰 힘이 되어준다.

3. 직장 동료, 상사, 친구들에게서 '당신은 정말 실행력이 뛰어난 사람이군요'라는 평가를 1년에 몇 번이나 들었는지 기록해보라. 그것만으로도 당신의 전투력을 크게 향상시켜줄 것이다.

업적을 쌓아가라

어떤 궁중 광대가 문득 지금보다 더 나은 삶을 살고 싶다는 마음이 간절해졌다. 광대는 부자가 되어 멋진 여행을 하며 호화로운 삶을 누리고 싶었다. 무엇보다 그는 타인들의 존중을 얻고 싶었다. 하지만 사람들은 늘 그에게 손가락질을 하며 수군댔다.

"저기 봐, 저 천한 광대 좀 보라지."

고민 끝에 광대는 왕에게 자신의 소원을 아뢰었다. 왕은 다음과 같은 명을 내렸다.

"너는 여러 해 동안 나를 즐겁게 해주었다. 그러니 네 소원대로 많은 부를 선물로 내리도록 하마."

그날 이후 광대는 자신에게 허락된 새로운 행운을 만끽하기 시작했다. 대저택으로 거처를 옮겼고 산해진미를 즐겼다. 하지만 그는 얼마 지나지 않아 주변 사람들이 자신을 겉으로만 따르는 척한다는 사실을 깨달았다. 부자가 되었지만 사람들에게는 그저 예전과 다름없는 광대였던 것이다. 아울러 하사받은 막대한 재산은 금세 바닥나버렸다.

그는 왕의 현명한 고문을 찾아가 자신의 신세를 한탄했다. 고문은 엷은 미소를 지으며 포도주가 가득 담긴 단지와 포도주 잔을 가리켰다.

"저 작은 포도주 잔에, 단지에 가득 담긴 포도주를 전부 부을 수 있겠소?"

"불가능합니다."

"그렇소, 불가능하오. 당신의 그릇 또한 당신의 소원을 모두 담아내기엔 너무 작소. 왕이 당신에게 큰 복을 내렸지만 당신은 그걸 전부 담아낼 만큼 그릇이 큰 사람이 아니오."

실력이 뛰어난 사람만이 큰 경기에 나설 수 있다

우리는 어떤 변화를 원할 때 무심코 '상황'을 변화시켜야 한다고 생각한다. 하지만 무엇보다 먼저 자신이 변해야 한다. 자신을 바꾸지 않으면 아무것도 바뀌는 것이 없다.

많은 사람들이 성공을 위해, 무엇인가 새로운 것을 시작하기 위해 상황이 나아지기만을 기다린다. 이런 사람들을 두고 위너들은 '그릇이 작은 사람'이라고 표현한다.

"유리한 상황이 오기까지 기다리는 사람이 부자가 되는 경우는 없다. 유리한 상황이 오면 경쟁이 더욱 치열해지기 때문이다. 주식시장을 떠올리면 이해가 쉽다. 대세상승장의 흐름이 오면 엄청난 인파가 주식시장으로 몰려든다. 이때 돈을 버는 사람은 아무도 거들떠보지 않을 때 시장에 들어온 사람이다. 나에게 유리한 상황은 타인에게도 유리한 상황이다. 이 간단한 진리를 우리는 너무 경시한다."

상황의 변화는 진정한 삶의 변화를 끌어내지 못한다. 상황의 유불리에 매달리지 말고 먼저 당신 자신이 변해야 한다. 내가 바뀌면 상황이 바뀌고 삶이 바뀐다. 이것이 성장 시스템의 핵심이다. 내가 바뀌면 모든 것이 순조롭게, 차곡차곡 바뀌어 나간다. 나 자신의 변화 위에서 다양한 변화를 시도할 때 비로소 인생은 그 하부구조가 튼튼해진다.

위너들은 말한다.

"실력을 쌓는다는 것은, 그 맨 밑바닥에 '나의 변화'가 있을 때 가능하다. 나의 변화 없이 쌓아올린 것들은 사상누각이 되고 만다. 위험하고 언제든 무너져내린다. 명심하라. 실력이 뛰어난 사람만이 더 큰 경기에 나설 수 있다."

사람들은 대체로 지금 당장 100만 달러만 있으면 평생 돈 걱정 없이 살 수 있다고 믿는다. 이는 큰 착각이다. 평생 돈 걱정 없이 살고 싶다면 일확천금을 노릴 것이 아니라, 차근차근 적금을 통해 1만 달러를 모을 줄 아는 사람, 매달 100달러씩 투자할 줄 아는 사람이 되어야 한다. 큰돈을 버는 사람이 아니라 큰돈을 모을 줄 아는 사람의 삶이 더 성공에 가깝다는 사실을 잊어서는 안 된다. 그런 사람은 상황에 구애받지 않는다. 비가 오나 눈이 오나, 여름이 오나 겨울이 오나, 1단계부터 착실하게 자신의 실력과 변화를 쌓아나간다.

위너들은 말한다.

"누구나 멋진 삶을 원한다. 하지만 그 멋진 삶을 누릴 자격이 있는 사람은 드물다. 멋진 사람만이 멋진 삶을 얻는다."

당신의 업적은 무엇인가?

성공한 사람에게는 '업적'이 있다. 업적이란 성취해놓은 일 또는 이룩해놓은 성과다. 아인슈타인에게는 '상대성이론'이라는 업적이 있다. 베켄바우어에게는 '축구'라는 업적이 있다. 마하트마 간디에게는 '비폭력 저항'이라는 업적이 있다.

그렇다면 당신은 지금 어떤 업적을 쌓고 있는가?

이 질문을 하루에 한 번씩 자신에게 던져라.

그리고 답을 찾아라.

답을 찾아내는 순간, 당신은 성공한 사람이 되어 있을 것이다.

성공의 6가지 방해물

나는 이 책을 쓰기 위해 다양한 분야에서 자신만의 업적을 쌓고 있는 위너들을 만났다. 그리고 그들에게 물었다.

"그릇이 큰 사람이 되지 못하는 이유는 무엇인가?"

위너들은 다음의 6가지를 그 답으로 제시했다.

첫째, '오만함'이다.

오만한 사람은 질문보다 답변을 좋아한다. 늘 앞에 나서서 자신을 과시한다.

대문호 괴테Goethe는 이렇게 말했다.

"사람은 누구나 의미 있는 존재가 되고 싶어한다. 하지만 그 준비를 하고 싶어하지는 않는다. 모르는 것을 질문하기보다는 아는 것을 드러내고 싶어한다. 성장하는 사람은 드러내는 사람이 아니라 질문하고 배울 준비가 되어 있는 사람이다."

둘째, '무지'다.

무지한 사람들의 공통점은 '편견'을 갖고 있다는 것이다. 그 편견을 통해 세상을 바라본다. 타인의 업적을 '운이 좋았다, 시기가 좋았다' 등으로 평가절하한다. 하지만 엄청난 실력을 갖춘 사람만이 운을 통제할 수 있다. 무지한 사람들은 '공은 둥글기 때문에 월드컵 축구 경기에서 피파 랭킹 100위 팀이

1위 팀을 언제든 이길 수 있다'고 주장한다. 틀린 말은 아니다. 하지만 100위 팀도 한 나라를 대표하는 팀이다. 그들은 엄청난 노력을 통해 국가대표가 된 것이다. 그 노력이 운과 조화를 이루어 강팀을 격파하는 예상치 못한 결과를 만들어낸 것이다. 하지만 분명한 사실은 독일이나 브라질 축구대표 팀에게 승리할 수 있는 아마추어 축구동호회는 지구상에 존재하지 않는다는 것이다. 무지한 사람은 축구동호회끼리의 경기에만 나설 수 있을 뿐이다.

셋째, '허영심'이다.

허영심이 많은 사람들은 지나치게 자신을 꾸민다. 타인의 눈에 자신이 '좋아보이도록' 만들기 위해 막대한 에너지를 낭비한다. 그리하여 의미 있는 결과를 만들어내는 데 사용할 에너지는 부족해진다. 다시 말해, 뛰어난 지능과 노력을 겸비한 사람에게는 허영심을 찾을 수 없다.

넷째, '불안'이다.

불안이 큰 사람들은 끊임없이 부정적인 결과를 상상한다. 자신이 원하지 않는 무엇인가에 집착한다. 집요하게 나쁜 상상들을 하기 때문에 그중 일부가 정말 현실로 일어난 것처럼 행동할 때도 있다. 일정량의 불안은 나태와 안일을 경계하는 데 좋은 에너지가 되어준다. 하지만 지나친 불안은 언제나 자신의 변화를 가로막는다.

다섯째, '자기회의'다.

스스로 능력이 부족하다고 생각하는 사람들이다. 자신의 강점을 바라보지 않는다. 타인과의 비교를 통해 자신을 깎아내린다. 위너들은 그들에게 '성공 일기 작성'을 강력하게 주문한다. 작은 성취들을 꼼꼼하게 기록함으로써 자신감과 체계적인 자의식 함양을 모색할 수 있어야 한다.

여섯째, '죄책감'이다.

많은 사람들이 원하는 삶을 살지 못하는 핵심적인 이유로 위너들은 '죄책감'을 꼽았다. 세상 곳곳에 존재하는 나르시스트를 비롯한 이기적인 사람들이 우리에게 교묘하게 죄책감을 심어주기 때문이다. 죄책감에서 탈출하는 가장 지혜로운 방법은 자기 삶에 '보람 있는 과제'를 부여하는 것이다. 그러면 불필요한 죄책감은 자연스럽게 사라져버린다.

적절한 생각을 통해 적절한 일을 한다

위너들에게 물었다.

"원하는 결과를 가장 빨리 달성할 수 있는 방법은 무엇인가?"

그들의 답은 다음과 같았다.

"적절한 생각을 통해 적절한 일을 하는 것이다."

적절한 생각이란 앞에서 설명한 6가지 방해물의 반대편에

놓인 것들이다. 겸손함, 배울 준비, 검소함, 자신감, 자기긍정, 자기수용 등등이다. 적절한 일을 하고 있다는 의미는 무엇인가? 열정을 느끼는 분야에서 나의 강점에 집중할 수 있는 일을 하고 있다는 뜻이다.

하지만 현실은 그렇지 않다. 많은 사람들이 자기 일에 대해 불평과 냉소적인 태도를 무의식적으로 갖는다. 그리고 불공정에 대해 몹시 열을 올린다. 당신도 그렇다면 당신 또한 부적절한 생각을 통해 부적절한 일을 하고 있는 것이다. 열매를 얻기 위해 씨를 뿌린 사람은 불평하지 않는다. 탄식하지 않는다. 반면에 씨를 뿌리지 않은 사람은 자신이 열매를 얻지 못한다는 사실을 누구보다 잘 안다. 그래서 불평과 탄식이 끊이지 않는다.

성공은 철저하게 자연법칙을 따른다. 씨를 뿌려야만 돌틈에서든 사막 위에서든 험난함을 뚫고 꽃이 피어난다. 싹이 트고 꽃이 피어나는 순간 그 모든 험난함은 성공의 불모지에서 성공의 비옥한 토양으로 거듭난다. 이것이 바로 '변화'의 핵심이다. 유리한 상황, 더 나은 조건을 기다린다는 핑계로 지금 씨를 뿌리지 않는 사람은 그 어떤 작은 꽃도 얻을 수 없다.

적절한 생각에 바탕한 적절한 일을 하는 것, 그것이 그릇이 큰 사람을 만드는 유일한 방법이다. 이를 따르면 상황을 기다리지 않아도 된다. 이는 불필요한 시간 낭비를 하지 않는 좋은 결과로 이어진다. 그리고 이 좋은 결과가 더 큰 좋은 결과들로 계속 이어진다. 적절한 생각과 적절한 일에 적극적으로 뛰어들면 삶은 절로 좋은 방향을 향해 나간다.

《갈매기의 꿈》을 쓴 리처드 바크Richard Bach는 다음과 같이 말했다.

"사람은 누구나 삶을 시작할 때 대리석 한 덩이와 연장 하나를 선물받는다. 우리는 평생 동안 대리석을 손도 대지 않은 상태로 가지고 다닐 수도 있고, 연장을 사용해 멋진 조각품으로 다듬어낼 수도 있다."

성공은 인간의 천부적인 권리다. 이 권리를 마음껏 행사하려면 '업적'을 차곡차곡 쌓아나가야 한다. 업적을 쌓기 위해서는 가장 먼저 자신의 변화를 도모해야 한다. 그러고 나서 적절한 생각, 적절한 방식, 적절한 일을 수행해나가는 것이 최선이다.

위너들은 말한다.

"당신이 당신의 재능을 완전히 발휘할 때, 비로소 이 세상에 당신을 위한 자리 하나가 마련된다."

◆◆◆ 실천 연습 ◆◆◆

1. 나는 열정적으로 일한다. 내가 쌓을 명확한 업적을 규정하고 여기에 몰입한다.

2. 성공 일기와 함께 '깨달음 일기'를 쓴다. 이는 실수를 통해 배울 수 있는 기회가 되어준다.

3. 하루에 한 시간 이상 적절한 생각의 확장을 위한 독서 시간을 확보한다.

4. 실망과 좌절은 늘 그림자처럼 나를 따라다닌다. 이를 물리치기 위해서는 '동기부여'가 필요하다. 끊임없이 나를 자극해줄 좋은 동기들을 찾아낸다. 그리고 다음의 질문을 꾸준하게 던진다. '내가 목표를 이루면 누가 가장 이익을 보는가?'

여섯 번째 습관　●

저스트 두 잇

1960~70년대에 아디다스ADIDAS는 전 세계 스포츠화 시장에서 독보적인 존재였다. 다른 브랜드는 감히 경쟁할 엄두도 내지 못했다.

그때 몇몇 젊은이가 아디다스가 독점하고 있는 시장에서 주변의 격렬한 반대를 무릅쓰고 운동화 회사를 창업했다. 창업 자체가 힘겨운 싸움이었다. 세상의 질책과 비웃음, 부정적인 평가는 젊은 그들이 감당하기 어려울 정도였다.

어느 날 그들은 한 자리에 모여 판도를 바꿀 수 있는 전략을 모색했다. 마침내 그들 중 한 명이 다음과 같이 말했다.

"세상이 뭐라고 떠들든 간에 상관하지 말자고. 그냥 하자! Just

Do It!"

저스트 두 잇. 이 세 단어가 젊은 그들의 열정에 불을 당겼다. 그들은 이를 회사의 슬로건으로 내세웠고, 'Just Do It!'이 새겨진 티셔츠를 입고 출근했다.

이쯤 되면 당신도 그들이 설립한 회사의 이름을 알아챘을 것이다. 나이키Nike는 창업 후 10년도 채 되지 않아 아이다스를 앞질러 전 세계 최대 스포츠 용품 기업으로 성장했다. 나이키 본사의 직원들은 오늘도 'Just Do It!'이 새겨진 티셔츠를 입고 출근한다.

폭포증후군

철학자 소크라테스Socrates는 이렇게 말했다.

"자신의 잠재력을 온전히 발휘하지 않는 사람, 나는 그를 게으름뱅이라고 부른다."

우리는 성공하는 방법에 대해 잘 알고 있다. 다만 실천하지 않을 뿐이다. '알고 있다는 것'은 아직 잠재력에 불과하다. '알고 있다'가 위력를 발휘하려면, 무서운 실행력을 가진 사람을 만나야 한다. 실행가에게 앎은 강력한 무기가 되어주지만 우유부단한 게으름뱅이에게 앎이란 아무짝에도 쓸모없는 휴짓조각일 뿐이다.

위너들은 말한다.

"인간의 가장 큰 재능이 무엇인지 아는가? 행동에 나서도록 스스로 동기를 부여할 줄 안다는 것이다."

많은 사람들이 이른바 '폭포증후군'을 겪는다. 그들은 나아갈 방향도 정하지 않은 채 인생이라는 강물 속에 뛰어든다. 갈림길이 나와도 어떤 결정도 하지 않고는 그냥 강물을 따라 흘러갈 뿐이다. 무력감을 생생하게 느끼면서도 아무것도 하지 않는다. 그러다가 어느 날 바로 몇 미터 앞에 거대한 폭포가 있다는 사실을 알아챈다. 뒤늦게 깜짝 놀라 정신을 차리지만 굉음에 묻힌 채 낭떠러지 아래로 추락하고 만다.

성공한다는 것은 '좀 더 일찍 행동한다'는 뜻이다. 일찍 행동할수록 더 쉽게 자신이 원하는 곳에 안착할 수 있다. 잔잔한 물속을 첨벙거리면 안전하고 편안하다. 하지만 인생은 잔잔하고 안전한 수영장이 아니다. 폭포와 협곡으로 이루어진 대항해의 여정이다.

'저스트 두 잇'은 무작정 그냥 하자는 것이 아니다. '저스트 두 잇'이 성공하려면 자신이 어떤 사람인지, 어떤 행동을 하고 싶어하는지를 정확히 알아야 한다.

최대한 일찍 행동에 나서라

다음의 질문을 자신에게 해보라.

1. 어떤 행동을 미루는 것이 실수에 대한 걱정 때문인가? 사람

들 앞에서 망신을 당할까 봐 두려운가?

2. 지금이 '적절한 타이밍'이 아니라고 생각해 현재 미루어두고 있는 일은 무엇인가?

3. 더 많은 준비가 필요한가? 씨를 뿌리기 위해 정말 지금보다 더 많은 지식, 더 많은 경험이 필요한가?

4. 좋은 기회는 인생에서 단 한 번만 온다고 생각하는가? 지금은 자신에게 '충분한 능력'이 없기 때문에 그 좋은 기회를 너무 일찍 만나서는 안 된다고 생각하는가?

5. 아직 자신의 상황 중 몇 가지가 더 바뀌어야 한다고 생각되는가?

6. 자신의 꿈이 비현실적이라고 여겨지는가?

이 6가지 질문은 질문이 아니다. 변명이다. 언제나 최적의 순간은 바로 지금이다. '저스트 두 잇'은 적극적인 행동이다. 적극적인 행동만으로도 다양한 길이 보이고 많은 문제들이 저절로 해결된다. 신생 기업 나이키가 공룡 기업 아디다스를 이겼던 것은 너무 많은 조건들을 미리 따지지 않았기 때문이다. 자신들의 재능과 열정을 어디에 어떻게 써야 하는지에만 적극적으로 집중했기에 그들은 불리한 사업 환경들을 자연스럽게 해결해냈다.

인간이 조성할 수 있는 완벽한 상황이란 존재하지 않는다.

완벽한 타이밍 또한 없다. 우리가 할 수 있는 것은 최대한 일찍 행동에 나서는 것뿐이다.

위너들은 말한다.

"일찍 행동에 나서야 실수도 빨리 겪게 된다. 초창기에 겪은 실수는 성공의 밑거름이 되어주고, 다음 번 의사결정의 방향에 지혜로운 이정표가 되어준다. 경험하지 않은 실수는 절대 미리 그 답을 찾아내기가 불가능하다. 그러니 완벽하게 시작하려고 주저하지 말고 불완전하더라도 빨리 시작하는 것이 낫다."

나이키가 아디다스를 이길 수 있는 완벽한 전략을 원했다면, 2022년인 현재까지도 그 전략을 완성하지 못했을 것이다. 최고의 '준비'는 저스트 두 잇, 그냥 실행하는 것이다. 실행하고 나서 생각하는 것이다.

기운이 좀 생기면 조깅을 하겠다는 전략은 매우 어리석다. 조깅을 해야 기운이 난다. '일할 맛이 나는 일자리가 생기면 열심히 일을 해야지'라는 생각 또한 틀렸다. 열심히 일을 해야 신바람 나는 일자리가 생긴다.

기회를 얻은 다음 노력하는 삶이 가능한가? 노력이 기회를 얻는 삶이 자연법칙을 따르지 않는가?

어느 창고에 쟁기가 두 대 세워져 있었다. 그중 하나는 잔뜩 녹이 슬어 있었고, 다른 하나는 반짝반짝 빛이 났다. 녹이 슨

쟁기가 질투어린 눈으로 반짝거리는 쟁기에게 물었다.

"나는 이렇게 녹이 슬고 보기 흉한데, 너는 왜 그렇게 빛이 나는 거야? 이건 공정하지 않아. 나는 세상이 더 공정해야 한다고 생각해."

반짝반짝 빛나는 쟁기가 대답했다.

"내가 빛이 나는 것은 네가 억울해하는 동안 열심히 일했기 때문이지."

유일한 척도

우리가 게으름에 빠지는 이유는 추구할 목표가 없기 때문이다. 어디를 향해 나가야 할지 모르는 상황에서 굳이 빨리 달릴 이유가 있겠는가?

명심하라, 당신이 얼마나 목표 달성을 간절히 원하는지 측정할 수 있는 유일한 척도는 당신의 행동이다. 자신의 행동에 적극성이 부족하다는 생각이 들면, 목표를 달성하려고 하는 동기를 다시 점검하라. 뭔가를 달성하려는 이유가 무엇인지, 반드시 성공을 해야 하는 이유가 무엇인지 스스로에게 물어보라.

시간을 내어 다음 질문들에 답해보라. 사람은 뭔가를 행하는 '방법'을 알 때보다는 뭔가를 해야 하는 '이유'를 알 때, 자발적으로 움직여 행동에 나서는 법이다.

앨범을 하나 마련해 당신의 여러 가지 꿈과 연관된 시각적인 자료들을 수집해보라. 사진이나 도표, 그림 등을 붙여보라. 그리고 스스로에게 물어보라.

'이 가운데 어떤 꿈을 가장 먼저 실현하고 싶은가, 어떤 꿈이 내게 가장 간절한가?'

스스로에게 가슴 뛰는 동기를 부여해줄 단서와 영감을 찾아보라. 무엇이 당신을 움직이게 만드는지 알아내고, 그것을 의식적으로 활용하라.

엔리코 카루소 이야기

이탈리아의 테너 가수 엔리코 카루소Enrico Caruso의 꿈은 밀라노의 라스칼라 극장에서 노래를 하는 것이었다. 하지만 언제부터인가 카루소는 자신의 꿈을 접어둔 채 순회 오페라단에 합류했다.

어느 날 카루소는 시칠리아 섬에서 한 친구와 우연히 마주쳤다. 그는 카루소의 재능에 대해 예전부터 확신이 있었고, 그의 오랜 꿈 또한 잘 알고 있었다.

친구가 카루소에게 물었다.

"여기에서 도대체 뭘 하고 있는 거야?"

카루소가 대답했다.

"조금 전에 말했잖아!"

친구가 다시 말했다.

"내 말뜻을 모르는구나. 내가 알고 싶은 건 이거야. 지금까지 너에게 주어졌던 기회로 무엇을 한 거냐?"

그 말에 카루소는 문득 자신의 삶을 돌이켜보았다.

그는 피나는 연습을 중단했고, 타협을 했고, 목표했던 꿈을 포기했다. 그러자 평범한 가수가 되었고 자존감이 바닥을 쳐도 별 감흥이 없는 삶을 살았다.

기분이 엉망이 된 카루소는 몇 시간 후 공연이 있다는 사실도 망각한 채 와인을 마구 들이켰다. 마침내 무대에 등장할 차례가 되었을 때 그는 완전히 술에 취한 상태였다. 무대에 오르던 카루소는 실수로 여주인공의 긴 옷자락을 밟았다. 그 바람에 여주인공의 무대 의상이 찢어지는 참극이 벌어지고 말았다.

한바탕 소동이 벌어지고 공연은 엉망이 되었다. 관객들의 야유가 쏟아지는 가운데 겨우 무대가 수습된 후 다시 막이 올랐을 때 카루소는 속죄의 노래를 혼신을 다해 부르기 시작했다. 지금껏 단 한 번도 보여주지 못했던 모습으로 열창했다. 마치 라스칼라 극장의 무대에 선 최고의 가수처럼.

야유의 휘파람을 불던 관객들은 소름이 돋을 만큼 깊은 감동을 받았다. 그 자리에 있던 비평가들은 카루소에게 매료되었다. '지금껏 들어보지 못한 천상의 목소리'라는 감탄이 터져 나왔다.

공연이 끝나자마자 카루소는 순회 오페라단을 뛰쳐나와 밀라노로 향했다. 그는 다시 피나는 연습을 했고 마침내 꿈의 무대에 오르는 세계적인 스타가 되었다.

위너들은 말한다.

"성공이란, 최선을 다할 수 있는 무대를 얻는 것이다."

그렇다. 카루소는 최선을 다할 수 있는 무대를 얻는 삶을 포기하고 차선만 유지해도 충분한 삶을 살았다.

진실로 당신에게 권유한다.

결코 좌절하지 말고 하고 싶은 일을 하라. 그리고 매 순간 최선을 다할 수 있는 기회를 도모하라. 변변치 않은 무대라 할지라도, 꿈을 포기하지 않는 한 관객의 가슴을 울리는 노래를 할 수 있다. 위험한 것은 변변치 않은 무대와 당신의 삶을 '동일화'하는 것이다. 당신이 최선을 다해 노래하면 그것을 가슴으로 들어줄 관객은 어딘가에 반드시 존재한다.

세상이 소중하게 여기는 모든 것은 행동하는 사람들이 만들어내고 이루어놓은 것이다. 주저하지 않고 적극적으로 행동한 사람들이 쌓아온 업적이다.

당신은 당신이 어디로 향해야 하는지 이미 잘 알고 있다.

그러니 그냥 행동하라.

저스트 두 잇.

◆◆◆ 실천 연습 ◆◆◆

1. 그간 미루어온 모든 것의 리스트를 작성해 그중 무엇을 오늘 처리할 지 숙고한다.

2. 오늘부터 나의 '꿈 앨범'을 들여다본다. 삶의 5가지 영역(건강, 인간관계, 재무상태, 감정상태 및 직업)에서 실천하고 싶은 목표들이 있는가? 그 목표들이 '꿈 앨범'에 시각적인 형태로 등장하는가?

3. 나 자신에게 질문을 던진다. '적절한 타이밍이 아니라는 이유로 뭔가를 뒤로 미루고 있는가? 이 질문이 변명이라는 사실을 알고 있는가?'

스트레스를
내 편으로 만들어라

많은 제자들이 따르는 현자가 있었다.

제자들은 스승이 어떻게 항상 평온하고 차분한 태도로 그토록 많은 일을 하는지 몹시 궁금했다.

현자가 웃으며 말했다.

"나는 멈춰 서 있을 때는 그냥 서 있다. 걸을 때는 그냥 걷는다. 뛰어갈 때는 그냥 뛴다."

제자들이 다시 물었다.

"헉, 그건 저희도, 그렇게 하고 있습니다. 그리고 저희는 스승님보다 훨씬 쉽고 적은 양의 일을 하는데도 왜 그렇게 스트레스를 받는 것일까요?"

현자가 답했다.

"너희의 마음은 그렇게 하고 있지 않기 때문이지. 너희는 멈춰 서 있을 때도 마음은 이미 걷고 있을 것이다. 걸을 때도 마음은 이미 뛰고 있을 것이다. 그리고 뛰어갈 때도 마음은 이미 목표에 다다라 있을 것이다."

한 가지에 집중하라

스트레스는 우리의 삶에서 무서운 적으로 떠올랐다. 우리는 스트레스가 우리를 병들게 만든다고 믿는다. 과도하게 일하면 스트레스가 반드시 생겨나고, 스트레스는 피하는 것이 최선의 방책이라고도 굳게 믿고 있다.

하지만 이는 모두 잘못된 믿음이다.

'스트레스가 인간을 병들게 만든다'는 믿음부터 살펴보자.

스트레스의 성격 자체는 건강하다. 인체를 이루는 세포들의 내적 균형이 깨지면 스트레스 호르몬이 생성된다. 이 호르몬은 인체 기능의 균형을 다시 복구시킨다. 스트레스는 그 제어 능력과 양에 따라 긍정적 혹은 부정적으로 작용할 수 있다. 불의 힘이 촛불의 형태로 사용될 때에는 인간에게 유용하다. 반면 불의 힘을 제어하지 못해 화재가 발생하면 부정적 결과가 초래된다. 이처럼 스트레스 또한 제어 가능한 범위 내에서 유용하게 활용되는 한, 건강하고 긍정적으로 작용한다.

아울러 일을 많이 한다고 해서 스트레스가 생기는 것이 아니다. 스트레스는 외적 상황에 의해 생성되는 것이 아니라, 우리 자신이 외적 상황을 어떻게 다루는지에 의해 생성된다. 다시 말해 스트레스를 받는 것은 일 자체 때문이 아니라, 우리가 일을 대하는 방식 때문이다.

인도의 간디는 70년 넘게 날마다 16시간 동안 아무런 스트레스도 받지 않고 일했다고 한다. 어떻게 이것이 가능할까?

비결은 '한 가지 일'에 집중하는 것이다. 천재들은 한 가지 일에 완전히 몰입하고 난 다음 머릿속을 텅 비운다. 그런 다음 새로운 일에 다시 몰입한다.

두 명의 승려가 함께 유랑을 하다가 아름다운 여인과 마주쳤다. 여인은 물살이 거센 강을 건너지 못하고 서 있었다. 둘 중 한 승려가 선뜻 나서서 여인을 어깨에 태워 강을 건너게 해주었다. 한참을 걷다가 여인을 도와준 승려에게 다른 승려가 이렇게 비난했다.

"우리는 여인을 탐하지 않겠다고 맹세하지 않았는가? 그런데 자네는 어찌 여인을 어깨 위에 태울 수가 있는가?"

여인을 도와준 승려가 답했다.

"나는 그 여인을 이미 한 시간 전에 강가에 내려놓았네. 그런데 보아하니 자네는 그 여인을 아직까지 품고 다니는 것 같군."

이 이야기는 '스트레스'를 우리가 어떻게 다루어야 할지에 대해 좋은 가르침을 선물한다. 스트레스를 긍정적인 힘으로 활용하려면 무엇보다 생각에 붙들려 있어서는 안 된다. 생각을 제어하는 탁월한 방법이 곧 '집중'이다. 모든 에너지와 힘을 자신에게 주어진 순간에 남김 없이 쏟는 습관을 들이면 스트레스의 부정적 측면을 효과적으로 통제할 수 있다.

우리는 스트레스를 결코 피할 수 없다. 피하면 피할수록 스트레스에 더 취약해질 뿐이다. 언제나 그렇듯 지혜로운 태도는 '받아들이는 것'이다. 스트레스가 없는 삶은 존재하지 않는다는 사실을 인정하는 것만으로도 우리는 집착에서 한 걸음 벗어날 수 있다.

위너들은 말한다.

"스트레스는 우리의 '두려움'을 먹고 자란다. 새하얀 종이에 가로로 수평선을 그은 다음 그 선 위에 당신이 지금 걱정하고 두려워하는 것들을 떨어뜨려보라. 정말 두려워할 만한 것을 두려워하고 있는가? 그렇지 않을 것이다. 당신이 대부분 두려워하는 것들은 아무도 알 수 없는 미래에서 온 것들일 것이다. 묵묵히 앞으로 나가면서 일어난 일에 집중하라. 그러면 두려움이 걷히고 출몰하던 스트레스도 찾아보기 힘들어질 것이다."

스트레스를 내 편으로 만드는 24가지 규칙

위너들은 스트레스를 건강하고 긍정적인 힘으로 만드는 24가지 규칙을 제시한다. 이 규칙들은 당신 삶의 회복탄력성을 도와줄 것이다.

1. 가장 중요한 규칙: 지금 이 순간 하고 있는 것에 온전히 집중하라. 식사를 할 때는, (아무것도 읽지 말고) 식사만 하라. 절대 두세 가지 일을 동시에 하지 마라.

2. 속도를 줄여라. 자신이 편안하게 느끼는 작업 템포를 정하라.

3. 우선순위를 만들어 적절한 시간을 할애하라. 명심하라, 소중한 것을 먼저 하는 삶을 살아야 한다.

4. 너무 많은 일을 하지 마라. 너무 많은 일을 하면 기계적으로 살게 된다.

5. 타인을 차단하는 법을 배워라. 아무리 좋은 사람도 스트레스를 유발한다. 나와 타인 사이에 가장 필요한 것은 '거리 두기'다. '방해하지 마시오'라는 메모판은 호텔에서만 필요한 것이 아니다.

6. 데드라인을 정확히 맞추려면 충분한 시간을 계획에 반영하라. 시간에 쫓기면 스트레스가 생길 수밖에 없다.

7. 자신에게 완벽함을 요구하지 마라.

8. 작은 성과에도 마음껏 기뻐하라. 휴식을 취하고 자축하라.

감사한 마음을 갖고 행복해하라. 성취감을 자주 느낄수록 스트레스는 당신의 편이 된다.

9. 연속적인 성공에 대한 기대치를 낮춰라. 인생에는 여름과 겨울이 있고, 오르막과 내리막이 있다는 사실을 받아들여라.

10. 우쭐대지 마라. 그러면 쉽게 실망하지도, 상처받지도 않을 것이다. 이익과 손해, 칭찬과 비난이 당신을 흔들지 못할 때 비로소 진정한 평화를 얻는 데 성공한다.

11. 미래에 대한 불필요한 걱정은 집중력을 저하시켜 스트레스를 유발한다. 모든 에너지를 지금 이 순간을 위해 쏟아부어라.

12. 책상 위에 한 가지 서류만 놓아두어라. 그러면 집중력이 높아진다. 다음 일에 착수하기 전에 하던 일을 깔끔하게 끝내라.

13. 모든 일을 즐기는 태도를 가져라. 좋은 태도가 좋은 노력을 낳고, 기쁨이 찾아온다. 모든 일에 마음을 다해보라. 그러면 단순 반복적인 일에서도 재미를 찾을 수 있게 된다.

14. 휴식시간을 지켜라. 휴식을 취할 시간이 없다는 생각이 든다면, 그때야말로 정말로 휴식이 필요한 시점이다.

15. 행동하라. 그리고 일의 방향을 조정하라. 계획에 없던 일이 발생하는 것 또한 허용하라. 항상 통제된 상태로 있고자 하면 스트레스의 부정적 측면이 활성화된다.

16. 해야 할 일이 너무 많을 때는 모든 예정된 활동을 종이에 적어보라. 대부분의 경우에는 생각했던 것만큼 해야 할 일이 많지는 않다.

17. 누구에게 당신의 일을 넘겨줄 수 있을지 자신에게 물어보라. 의무와 책임을 넘겨주는 연습을 하라. 다른 사람들에게도 실수를 할 기회를 주어라. 당신이 모든 일을 할 필요는 없다.

18. 하루의 일부를 반복되는 일로 채워라. 반복되는 일상은 내적 균형을 유지하도록 도와준다.

19. 가끔씩은 아주 가벼운 사람이 되어라. 유쾌한 웃음으로 심리적 스트레스를 날려버리라. 유쾌하게 웃을 수 있는 사람이 세상의 왕이 된다.

20. 당신이 '성공지향형 인간'이라면, 가끔씩은 아무런 의도가 없는 행동을 해보라. 의미 있는 행동만 할 필요는 없다. 가벼운 행동을 기꺼이 허용하라.

21. 항상 외부와 연락이 닿아야 한다는 강박을 버려라. 사람들은 가끔씩 휴대폰을 꺼두는 것을 대단한 일이라고 여긴다. 휴대폰은 가끔씩만 켜놓는 것이 가장 좋다.

22. 자신을 위한 레크레이션 강사가 되어라. 시간을 내어 휴가와 연애, 취미활동을 하라. 신체적 · 정신적 건강에 투자하라.

23. '아무것도 하지 않는 날'을 정해 놓고 지켜라. 마지막으로

하루 종일 아무것도 하지 않고 침대에서 빈둥거렸던 날이 언제인가?

24. 모든 규칙을 지키려고 애쓰지 마라. 이 세상에서 가장 성공한 사람들도 이 24가지 규칙 중에서 하루에 몇 개밖에 지키지 못한다.

건강을 해친 대가로, 온갖 상처를 견딘 대가로 얻은 성공과 성취는 오래가지 못한다. 우리가 궁극적으로 목표하는 삶은 안정과 평정, 균형을 갖춘 삶이다. 휴식, 만족, 행복은 성공한 뒤에 얻는 부산물이 아니다. 열심히 일하는 동시에 정신과 육체의 조화로운 건강을 도모한 사람만이 성공의 길을 걷는 이유는, 성공은 절대 '희생' 위에 세워지지 않기 때문이다.

위너들은 말한다.

"오늘날 성공하는 사람들 중 요가나 명상을 하지 않는 사람을 찾아보기란 매우 어렵다. 요가와 명상이 비범한 능력을 선물해서가 아니다. 요가와 명상이 마음을 챙기는 데 큰 도움을 주기 때문이다. 성공하는 사람들은 마음챙김, 즉 마인드풀니스mindfulness의 대가들이다."

◆◆◆ 실천 연습 ◆◆◆

1. 전화벨이 울리면, 이를 나의 어깨와 아래턱에 유의하라는 신호로 받아들인다. 긴장이 감지되면, 즉시 천천히 숨을 내쉬면서 양쪽 어깨를 아래쪽으로 늘어뜨린다. 그리고 이를 여러 번 반복한다.

2. 식사를 할 때는 오직 식사에만 집중할 것이다. 향초를 하나 켜고 식탁 위에 꽃을 꽂아둘 것이다.

3. 대화를 할 때 상대에게 온전히 집중할 것이다. 상대가 무슨 말을 하는지, 어떤 방식으로 말하는지 주의 깊게 살필 것이다. 상대의 얼굴을 살피면서 그가 왜 이 말을 하는지 읽어내려고 애쓸 것이다. 상대를 온전히 이해하고자 노력할 것이다.

4. 24개의 규칙 중 특히 마음에 끌리는 규칙들을 적어 눈에 잘 보이는 곳에 걸어둘 것이다. 부정적인 스트레스가 느껴지면 즉시 내가 선별해둔 리스트를 쳐다볼 것이다.

5. 하루에 한 번, 15분 동안 조용하고 편안하게 앉아서 아무것도 하지 않을 것이다.

어려움을 돌파하라

한 대학으로부터 강연 초청을 받았을 당시, 윈스턴 처칠Winston Churchill은 이미 고령이었다. 가장 유명한 동시대인의 강연을 듣기 위해 전국 각지에서 사람들이 몰려들었다.

처칠이 강연장에 들어섰을 때 수천 명의 사람들이 자리하고 있었다. 대학의 학장이 현존하는 영국인 중 가장 중요한 인물이라고 처칠을 소개했다. 처칠에게는 생애 최고의 연설을 앞둔 순간이었고, 자신이 전 생애에 걸쳐 찾아낸 깨달음을 전할 수 있는 순간이었다. 우레와 같은 박수를 받으며 처칠은 단

상으로 걸어갔다. 그러고는 이렇게 말했다.

"여러분은 절대로, 절대로, 절대로, 절대로 포기하지 마십시오."

포기는 모든 것을 종료시킨다

청중은 한참 뒤에야 처칠의 연설이 그걸로 끝이라는 것을 알아차렸다. 물론 너무 짧은 연설에 불만을 터뜨리는 사람들도 있었다. 그의 연설을 듣기 위해 먼 길을 마다하지 않고 왔는데, 고작 이 몇 마디뿐이었으니 말이다. 하지만 처칠이 당시에 왜 그랬는지는 그의 전기를 읽으면 쉽게 이해할 수 있다. 숱한 난관을 극복해온 노년의 처칠에게 '포기해서는 안 된다'는 메시지는 그 누구보다 간절했다.

사람은 언제든 실수를 할 수 있다. 하지만 그것은 큰 문제가 되지 않으며 어떻게든 해결책을 찾아낼 수 있다. 그런데 포기는 전혀 다른 차원의 문제다. 포기를 하면 모든 것이 그것으로 끝이다. 심리학자들의 연구에 따르면, 한 번 꿈을 포기한 사람은 새로운 꿈을 꾸지 않을 확률이 매우 높다. 꿈 꾸기를 포기한 사람은 살아있기를 포기한 사람이다.

한때 사람들의 기억에서 잊혀졌던 처칠이 마침내 총리에 임명되었을 때는 2차 세계대전이 극단으로 치닫고 있었다. 정치가로서의 그의 능력을 의심하고 비난해왔던 사람들은 처칠에게 맹공을 퍼부었다.

"전 세계가 전쟁을 벌이고 있는 이 절박한 상황에 리더십이 검증되지 않은 당신이 총리로 있는 게 영국에게 어떤 의미일지 생각해봤습니까? 지금 이 순간 절체절명의 영국을 구해내는 의사결정을 내릴 만한 인물이 과연 당신일지 국민들은 몹시 불안해하고 있어요."

처칠이 답했다.

"제 결정은 올바릅니다. 평생 동안 나는 지금과 같은 위기 상황을 대비해왔으니까요."

얼마 후 독일 전투기들이 런던 하늘을 날며 대대적인 공습을 가했다. 많은 시민들이 폭격에 희생됐다. 영국은 회생 불가능한 상태로 보였다. 매일 밤마다 전투기들이 유령처럼 출몰했다. 날이 갈수록 사망자 수는 늘어만 갔다.

참담한 희생을 더 이상 두고 볼 수 없었던 각료와 참모 들이 처칠에게 항복을 요구하기 시작했다. 그의 친구들조차 처칠 때문에 무고한 시민들이 죽어나가고 있다며 강력하게 비난했다. 하지만 처칠은 항복을 하면 더 큰 희생을 받아들여야만 한다는 사실을 알고 있었다.

그는 전투기들을 향해 주먹을 휘두르며 소리쳤다.

"나는 절대로 포기하지 않을 거야. 절대로, 절대로, 절대로, 절대로!"

어려움은 최고의 코치다

우리는 왜 끊임없이 어려운 문제와 싸워야 하는가? 왜 삶에 필요한 것들은 손쉽게 얻어지지 않는가? 고비 때마다 왜 우리는 반복해서 인내심을 시험받는가?

이 질문들에 대한 답은 없다. 그것이 곧 삶의 미스터리다. 다만 확실한 것은 한 가지 있다. 실수는 바로잡을 기회가 있다. 반면에 어려움이 닥쳐와 포기를 해버리고 나면 모든 것이 사라진다는 것이다.

위너들은 말한다.

"삶은 해변과 같다. 험난한 파도가 끝없이 출렁인다. 어려운 문제와 역경이 밀물처럼 밀려왔다가 썰물처럼 빠져나간다. 따라서 답을 찾으려고 애쓸 필요 없다. 답을 찾는다고 해서 어려움이 사라지는 것은 아니기 때문이다. 그저 어려움을 '통과'하면 충분하다. 어려움을 잘 견디는 법을 배우면 된다. 잘 견디기만 하면 어려움은 저절로 물러간다."

위너들은 어렵고 힘든 일에 직면하는 것을 삶이 보내주는 시그널로 받아들인다. 난관을 하나하나 통과할 때마다 우리는 점점 더 강해진다. 삶은 이런 방식으로 작동한다. 인간의 뼈는 하중을 받아야 강해진다. 그렇지 않으면 약해져서 쉽게 부러진다. 무중력 상태에서 오랜 기간 체류한 우주인들의 사례를 보면 이를 쉽게 알 수 있다.

위너들은 말한다.

"강해지려면 외부로부터의 타격이 필요하다."

번데기에서 빠져나오려고 안간힘을 쓰고 있는 나비를 도와주기 위해 번데기의 틈을 벌려주면, 나비는 죽고 만다. 이 투쟁은 나비에게 생존을 위해 꼭 필요한 것이다. 번데기를 빠져나오기 위해 싸우는 과정에서 날개의 힘이 강해지기 때문이다. 스스로 견디고 싸우지 않으면 성장하지 못하는 것, 그것이 삶의 법칙이다.

미국의 16대 대통령 에이브러햄 링컨Abraham Lincoln은 이렇게 말했다.

"누군가가 스스로 해야 할 일이나 스스로 할 수 있는 일을 대신해주는 것은, 그를 결코 도와주는 것이 아니다."

역경과 고난은 당신의 성공을 돕는 최고의 코치다.

두려움의 다른 이름

위너들은 말한다.

"당신은 점점 높은 자리로 승진할 것이다. 점점 더 많은 돈을 벌고 더 많은 사람과 일하고 더 많은 책임을 맡게 될 것이다. 더 높은 단계로 나아간다는 것은, 당신이 그럴 만한 실력을 갖췄다는 뜻이다. 그런데 만일 당신이 충분한 실력을 갖췄음에도 좀처럼 앞으로 나아가지 못하고 있다면, 그건 아마도 성공의 여정에서 필연적으로 발생하는 '어려움'에 대해 지나치게 두려워하고 있기 때문일 것이다. 어려운 코스를 멋지게 활강해 내려오는 스키 선수들을 생각해보라. 그들의 출중한 활강 실력이 빛을 발하는 것은 높고 아슬아슬한 곳에서 만난 '두려움'을 물리치는 데 성공했기 때문이다. 두려움과 고난을 통과하지 못한 실력은 눈부시게 빛날 기회를 얻지 못한다."

'두려움을 통과했을 때 비로소 우리의 실력이 위력을 발휘한다'고 내가 만난 모든 위너는 입을 모아 강조한다.

그들의 말을 계속 들어보자.

"누구나 노력하면 실력을, 안목을, 통찰을 갖게 된다. 다만 성공하려면 '누구보다 빨리' 실력과 안목과 통찰을 가져야 한다. 이것은 어떻게 가능한가? 두려움을 경쟁자들보다 빨리 떨쳐내면 된다."

어려움을 극복하고 견딘다는 것은 두려움에게 지지 않는다는 뜻이다. 다시 말해 어려움은 곧 두려움의 다른 이름일 뿐이다. 답이 아니라 통과해내면 충분하다.

당신을 지원할 화력을 떠올려라

다시 처칠의 말을 떠올려보자.

"절대로, 절대로, 절대로, 절대로 포기하지 않는다!"

어려움을 견디지 못하는 가장 큰 이유는 생각이 너무 많아서다. 생각에 생각을 거듭하면서 더 정교한 시나리오를 짜려고 하기 때문이다.

내성적인 성격의 당신이 중요한 클라이언트들 앞에서 프레젠테이션을 한다고 생각해보자. 당신은 이런 기회가 흔히 오는 것이 아님을 잘 알고 있다. 그래서 수많은 밤을 지새며 시나리오를 쓰고, 고치고, 쓰고, 고친다. 그러는 동안 당신의 머릿속에서는 온갖 불안과 걱정이 스쳐 지나간다.

'자료에 오탈자가 있으면 어떡하지?'

'내 목소리가 너무 허스키한 건 아닌가?'

'이쯤에선 리액션이 나타나야 하는데, 모두 무표정하게 있으면 어떡하지?'

'끝나고 박수가 안 나오면?'

당신의 프레젠테이션은 맞춤법 퀴즈 경연장이 아니다. 오탈자가 있다고 해서 뛰어난 프레젠테이션을 깎아내릴 클라이언트는 없다. 냉정히 말해 클라이언트들도 문법과 오탈자 투성이인 사람들이다.

목소리가 허스키한 것이 무슨 걱정인가? 당신은 최고의 가수를 뽑는 오디션에 나가는 것이 아니다. 리액션이 없으면 리액션을 요청해도 좋다. 당신의 프레젠테이션이 점점 마음에 들기만 한다면 클라이언트들은 미소를 지으며 당신의 말에 따라줄 것이다.

위너들은 말한다.

"매 순간 삶에 큰 어려움이 닥쳐올 때는 당신이 가장 잘하는 것을 생각하라. 당신의 장점과 강점에 집중하라. 사람들이 당신에게 박수를 쳐주고 축하해주었던 일들을 떠올려라. 그것들이 당신이 전쟁에서 활용할 탁월한 무기들이다. 걱정과 불안은 당신의 적이 보내온 척후병일 뿐이다. 척후병은 발견되는 대로 제거하면 그뿐이다."

당신의 무기를 믿지 못하면 당신은 백전백패한다. 척후병 앞에서도 벌벌 떨면 큰 싸움은 엄두조차 낼 수 없다.

인도의 한 시인이 말했듯 '인생은 하나의 여인숙'일지도 모른다. 그 여인숙에 어떤 손님을 들이고 어떤 손님을 떠나보낼지는 오롯이 당신에게 달려 있다.

위너들은 절대로, 절대로, 절대로, 절대로 포기하지 않는다. 절대로!

◆◆◆ 실천 연습 ◆◆◆

1. 오늘 나는 어떤 일이 있어도 포기하지 않겠다. 나는 포기에는 여러 가지 형태가 존재한다는 사실을 알고 있다. 따라서 오늘 나는 하려고 마음먹은 모든 것을 실행할 것이다.

2. 다양한 문제에 대한 나의 생각을 숙고하고, 다음과 같이 단언한다. '이 문제에 어떻게 대처할지는 내가 스스로 결정한다.' 아마도 이런저런 어려움과 처음 마주치면, 이러한 상황이 달갑지는 않을 것이다. 하지만 찬찬히 마음을 다잡아보면, 내 삶 속의 여러 도전 과제가 성공으로 향하는 내 계단의 재료라는 사실을 분명하게 깨닫게 될 것이다.

3. 최대한 빠른 시일 내에 나와 비슷한 상황을 이미 극복해낸 위너와 이야기를 나누고 적극적으로 조언을 구할 것이다.

4. 내 삶에서 얻은 모든 중요한 교훈을 일기에 기록하기 시작한다. 이로써 실수와 어려움을 통해 깨달음을 얻는다.

뛰어난 '처음'을
만들어라

한 젊은이가 삶의 지혜를 얻기 위해 현자를 찾아갔다. 현자는 그에게 자기소개를 해보라고 말했다. 젊은이는 자신의 장점과 자신이 거둔 성공에 대해 늘어놓았다.

현자가 그에게 첫 번째 과제를 부여한 다음 한 가지 해결 방안을 제시했을 때 젊은이는 그 의견을 거부했다.

"제게 더 좋은 생각이 있습니다."

현자가 무슨 말을 하든, 젊은이는 계속 자신에게 '더 나은' 아이디어가 있다고 고집했다. 그러자 현자가 물이 담긴 유리잔을 가져와 젊은이에게 건넸다. 그런 다음 병에 들어 있던 와인을 그 잔에 따르기 시작했다. 유리잔은 이미 물로 가득 차 있었기 때문에 곧장 와인이 흘러넘쳐 바닥으로 쏟아졌다.

깜짝 놀란 젊은이가 외쳤다.

"멈추십시오. 잔이 넘쳐 흐릅니다. 아까운 와인이 못 쓰게 되잖습니까!"

현자가 말했다.

"내가 자네에게 알려줄 수 있는 지혜와 지식도 마찬가지일세. 전부 못 쓰게 될 거야. 자네는 이미 이 유리잔처럼 가득 차 있는 상태에서 내게 왔으니까."

1호를 따라가라

당신이 가는 길 위에는 당신의 목표를 먼저 이룬 누군가가 존재한다. 그를 찾아가 조언을 구하겠다는 생각을 한 번이라도 해보았는가? 대부분의 사람은 생각조차 못한다. 그토록 큰 성공을 거둔 사람이 만나줄 리 없다고 생각하기 때문이다. 하지만 심심찮게 우리는 읽게 된다. 수십 명의 월드 클래스 CEO에게 질문이 담긴 편지를 보낸 한 대학생이 수십 통의 답신을 받았다는 뉴스를.

직접적인 조언이 아니어도 상관 없다. 롤모델로 삼고 있는 인물의 스토리를 훤하게 꿰고 있다면 당신은 성공할 확률이 높은 유형의 사람이다. 그 인물의 크고 작은 인터뷰들의 토씨 하나하나를 기억하고 있다면 당신은 꿈을 이룰 가능성이 높은 사람이다. 그에게서 직접 조언을 얻는 데 성공했다면 당신은 이미 성공한 사람이다.

이런 행동들이 왜 중요할까?

위너들은 말한다.

"당신이 당신의 분야에서 성공한 사람 1호로 기록될 것이 아니라면, 1호에게서 배우는 것이 가장 빠르고 쉽다. 그의 숱한 실패와 실수와 시행착오가 축적해놓은 생생한 경험과 지식을 당신 스스로 깨우쳐갈 수 있다면, 당신은 경쟁자를 물리치고 2호가 될 것이다."

새 바퀴를 만들려고 애쓰지 마라

창의력은 누구나 원하는 능력이다. 하지만 성공에 반드시 창의력이 필요한 것은 아니다. 종종 사람들은 창의력에 집착하다가 큰 대가를 치르기도 한다.

새로운 일을 시작할 때가 특히 그렇다. 세상에 없는 것들을 만들어내기 위해 의욕을 불태운다. 완전히 새로운 것을 창조해내는 데 모든 에너지를 집중한다.

하지만 위너들의 조언은 이와 크게 다르다.

"바퀴를 새로 발명하려고 하지 마라. 그보다는 효율성이 이미 검증된 시스템을 찾아라."

창의적인 시도를 폄하하려는 것이 아니다. 거기에는 많은 시간과 비용이 소요된다. 창의성은 1호가 닦아놓은 길 위에서 결정적인 순간에 적절하게 폭발해주면 충분하다.

성공을 원하는 사람은 누구나 기본적으로 시간이 흐르면 자신만의 창의적 방식을 찾아낸다. 하지만 처음 시작할 때는 새로운 도전에 불가피하게 따라붙는 난관들을 극복하는 데 전력을 다해야 한다. 바로 이때 1호의 경험과, 그 경험에서 얻어진 통찰들이 필요해진다. 우리가 현자와 위너 들의 조언을 구하는 데 적극적이어야 할 이유가 여기에 있다. 당신이 이 책을 읽고 있는 이유 또한 당신보다 먼저 성공한 인물들의 지혜와 통찰을 얻기 위함이지 않은가.

위너들은 말한다.

"기본기를 탄탄히 익혀야 한다. 드리블과 슈팅을 모르는데 어떻게 골을 넣겠는가? 드리블과 슈팅을 익히려면 그걸 선수 시절에 가장 잘했던 코치에게서 배워야 한다."

기본기를 쌓는 과정은 지루하고 반복적이다. 하지만 반드시 거쳐야 할 과정이다. 알파벳을 모르면서 유창한 영어회화를 구사하겠다는 것은 터무니없는 목표다. 현대 철학의 흐름을 알고 싶다면 고대 희랍 철학에서 시작해야 한다. 성공하는 사람들이 수백 년, 수천 년 전에 쓰여진 고전들을 탐독하는 이유는 시간이 남아돌아서가 아니다. 그 고전들이 너무나 재미가 있어서도 아니다. 인류의 지혜가 집대성된 경전들을 고통스럽게 읽어내지 않으면, 뛰어난 2호가 될 수 없기 때문이다.

위너들은 말한다.

"성공을 원한다면 반드시 뚜렷하고 탄탄한 '처음'을 만들어야 한다. 뭔가 일이 엉킨 실타래처럼 몹시 꼬이고 혼란스러울 때는 처음으로 돌아가 기본기부터 다시 꼼꼼하게 점검해야 하기 때문이다. '돌아갈 처음'이 없는 사람은 실패를 거듭할 수밖에 없다. 점검해야 할 기본기가 처음부터 없었기 때문이다."

세상에 없는 것을 만들어내는 창의력은 인류가 낳은 위대한 1호 천재들의 몫이다. 우리는 2호만 되면 충분하다. 충분한 노력과 인내와 시간을 들여 기본기를 쌓는 것, 그것이 우리가 가져야 할 창의력의 정의일 것이다.

조언은 처음에 구하라

타인의 조언과 가르침은 어떤 일의 '처음'에 얻는 것이 가장 효과적이다. 1호들이 구축해놓은 시스템들 중 어떤 것들을 선택할지를 결정하는 데 먼저 시간을 써야 한다. 현자를 찾아간 젊은이처럼 조언을 구한답시고 찾아가서는 입씨름만 벌이는 태도는 전혀 바람직하지 않다.

위너들은 말한다.

"타인의 조언을 일방적으로 받아들이라는 뜻은 아니다. 타인에게 배움과 조언을 구할 때는 당신의 지식과 견해를 앞세우지 말라는 것이다. 자신의 식견을 고집한다는 것은, 이미 자신이 만들어놓은 '처음'이 존재한다는 의미다. 이걸 용기 있게 내려놓을 줄 알아야 한다. 자신이 만든 '처음'을 고수하는 사람은 어떤 탁월한 조언과 통찰을 얻게 되도 결국 자신이 만든 처음으로 돌아가, 거기에 갇혀버리고 만다."

무슨 일을 하든 '첫 단추'를 잘 꿰야 한다. 옷을 입을 때, 마지막 단추를 꿸 구멍이 없을 때 우리는 첫 단추로 다시 돌아가, 그것이 잘 꿰어졌는지를 확인한다.

우리가 하는 일도 마찬가지다. 원점에서 다시 생각해야만 일의 전체를 조망하면서 의미 있는 개선과 수정을 만들어낼 수 있다. 따라서 좋은 원점을 만드는 것은 아무리 강조해도 지나침이 없다. 그 원점 구축에 필요한 지혜를 혜안을 가진 1호들에게서 얻으면 일이 원하는 방향으로 자연스럽게 풀려나갈 것이다.

위너들은 말한다.

"연습은 장인을 만든다. 그리고 폐인도 만든다. 무엇을 연습하든 그것은 하나의 습관이 된다. 뭔가 잘못된 것을 연습하면 잘못된 습관이 형성된다. 올바른 것을 연습해야 올바른 습관이 만들어진다."

살아가면서 당신은 수많은 프로젝트에 착수할 것이다. 좋은 처음, 탁월한 원점을 만드는 습관을 들이면 그 프로젝트들에서 좋은 결과를 얻게 될 것이다.

위너들은 마지막으로 이렇게 조언한다.

"전문가를 고용하는 데 돈을 아끼지 마라. 타인의 경험을 돈을 주고 사는 데 인색해서는 안 된다. 가난한 사람은 돈을 절약하기 위해 시간을 지불한다. 부자는 돈을 지불해 시간을 사는 사람들이다. 전문가를 고용할수록 당신의 '처음'과 기본기는 탄탄해지고 누구보다 빠른 시간 내에 골을 넣게 된다."

◆◆ 실천 연습 ◆◆

1. 내 분야에서 기본적으로 갖추어야 할 기술과 능력에 어떤 것들이 있는지 찾아낸다. 내가 보강해야 할 기본기에 관한 실천 플랜을 작성한다. 내 분야에서 뛰어난 성공을 거둔 사람과 이에 대해 이야기를 나눈다.

2. 나 자신이 삶의 어떤 특정한 영역에서 아마추어 단계에 머물러 있는지 체크해본다. 이는 지속적인 성장을 위한 나의 계획에 방해가 된다. 이 경우 나는 다시 학습할 자세를 갖추기 위해 즉각적으로 모든 노력을 다할 것이다.

3. 문제와 마주칠 때 나는 이미 유사한 문제를 극복한 사람이 누구인지 알아볼 것이다. 그리고 그 사람에게 조언을 구할 것이다.

4. 오늘 내가 구태여 할 필요가 없거나, 혹은 해낼 수 없는 것들을 하려 했는지 자신에게 물어본다. 나는 전문가의 도움을 받을 것이다.

태도가 팔 할이다

나는 내가 쓴 모든 책에서 '추진력'의 중요성을 반복해서 강조한다. 어떤 일을 하든 간에 '좋은 속도'를 만들어놓으면 좋은 탄력이 붙는다. 좋은 속도로 일이 굴러가면서 그 일 안에 존재하는 모든 디테일이 강력해진다. 언덕 아래로 굴러 내려가는 눈뭉치를 생각하면 이해가 쉬울 것이다.

위너들은 추진력이 뛰어난 사람이 될 것을 주문한다. 어떻게 해야 그런 사람이 될 수 있을까?

"추진력이 좋은 사람이라고 하면, 흔히 무조건 돌파하고 보는 유형의 사람을 떠올린다. 그런 무모한 일을 감행하는 사람이 되라는 것이 아니다. 일을 되게끔 하는 사람이 되라는 것이다."

일이 되게끔 하는 사람이란 또 뭔가? 바로 자기가 하는 일에 좋은 '가속'을 붙여나가는 사람을 뜻한다.

갓 입사한 신입사원을 예로 들어보자.

그는 매사 적극적이다. 상사의 말에 크게 고개를 끄덕이고 눈을 빛내며 경청한다. 총무부, 디자인부, 회계부, 기획부 선배들에게 무엇이든 가르쳐주면 배우겠다는 태도를 보인다. 항상 수첩을 들고 다니면서 회사 내 모든 사람의 충고, 조언, 지적 등등을 진지하게 메모한다.

이런 태도를 가진 신입사원은 동기들보다 모든 면에서 빨라진다. 동기들이 겨우 복사 심부름이나 하고 있을 때 중요한 프로젝트에 합류한다. 마침내 그 능력을 인정받아 동기들 중 가장 먼저 진급한다.

이 신입사원의 성공 비결은 '속도'를 만들었다는 것이다. 동기들이 상사들을 늙은 꼰대 취급할 때 그는 그 꼰대의 풍부한 경험과 노련함을 받아들여 빠른 속도를 만들어냈다. 동기들이 협력부서와 갈등을 빚을 때 그는 자신의 일과 성공에 필요한 사람을 얻는 방법을 배웠다. 동기들이 타인의 지적에 화를 내며 탄식하는 동안, 그는 열심히 따끔한 질책을 경청하고 메모할 줄 알았다.

어느 시대를 막론하고, 이런 사람이 경쟁자들을 물리친다.

위너들은 말한다.

"실력은 기본 엔진이다. 태도는 그 엔진을 돌리는 힘이다."

강연회에서 만난 청년들은 내게 묻는다.

"어떻게 하면 몸값을 올릴 수 있을까요?"

내 답은 한결같다.

"태도를 생각하세요. 지금 당신의 삶 안에 있는 모든 사람을 어떻게 대하고 있는지 깊이 생각해보세요. 해야 할 일을 저절로 알게 될 것입니다."

흔히 승진에서 탈락한 사람은 이렇게 불평한다.

'내가 승진한 친구보다 실력이 더 뛰어나다고! 그런데 어떻게 그런 사람이 나를 제끼고 먼저 승진했단 말인가! 이건 말도 안 돼. 불공평한 인사야!'

물론 그럴 수도 있다. 하지만 대부분 승진한 사람은 탈락한 사람에게는 결핍된 가치를 갖고 있다. 그리고 나는 그것을 '태도'라고 부른다.

프로의 세계에서는 최고의 기량을 가진 선수가 최고의 몸값을 받는 것처럼 보인다. 이는 잘못된 생각이다. 최고의 기량과 함께 좋은 태도를 가진 선수가 더 오랫동안 더 높은 몸값을 받는다. 기량만을 가진 선수는 은퇴 후 곧장 사라지지만, 기량과 태도를 갖춘 선수는 은퇴 후에도 여전히 많은 사람의 사랑을 받으며 승승장구한다.

둘 중 누가 위너인가?

좋은 태도는 영원히 남는다

좋은 태도는 좋은 속도를 만든다. 그리고 좋은 태도는 영원히 남는다. 처음에 좋은 태도를 사람들에게 각인시키면, 그 각인 효과가 웬만해서는 사라지지 않는다. 설령 종종 좋지 않은 태도를 나타내는 실수를 하더라도, 그 실수가 훨씬 너그럽게 받아들여진다. 따라서 우리가 해야 할 일은 '좋은 태도'를 사람들의 마음에 경쟁자들보다 빠르고 확실하게 심어놓는 것이다.

위너들은 말한다.

"언제나 눈에 띄는 자리에 있는 습관을 들여라. 그러면 언젠가는 반드시 발탁될 것이다."

구석진 자리를 좋아하고, 상사의 눈을 피할 수 있는 자리를 선호하고, 타인에게 마음을 열기보다는 자신과의 대화를 즐기는 사람은 발탁될 기회를 스스로 포기하는 것과 같다.

명심하라, 성공의 팔 할은 '태도'다.

◆◆◆ 실천 연습 ◆◆◆

1. 오늘 출근하면 먼저 인사하고 먼저 말을 건넨다. 사무실 내 동료들에게 어떤 존재로 각인될지를 머릿속에 그려보고, 차근차근 좋은 태도와 인상을 줄 수 있는 디테일들을 찾아 실행에 옮긴다.

2. 경청과 메모를 나의 시그니처로 만든다.

3. 사과할 줄 아는 용기를 키우고, 질책과 지적을 진심으로 받아들인다.

4. 감정을 통제하는 마음챙김 수련 방법들(요가, 명상, 상담 등)을 천천히 배워나간다.

신의 테스트를
통과하라

어느 날 다섯 살짜리 딸이 상기된 얼굴로 침대 안으로 뛰어 올라와 물었다.

"엄마는 나중에 커서 뭐가 되고 싶어요?"

엄마는 '우리 딸이 새로운 놀이를 만들어냈나보네'라고 미소 지으며 답했다.

"음, 글쎄, 난 나중에 커서 엄마가 될 거야."

그러자 아이가 곧장 항의에 나섰다.

"엄마는 엄마가 될 수 없어요. 왜냐하면 엄마는 벌써 엄마이니까요. 그러니까 제 말은 엄마는 뭐가 되고 싶냐는 거예요."

"좋아, 그러면 난 선생님이 될 거야."

"아니에요, 그건 안 돼요. 엄마는 벌써 선생님이잖아요!"

"아가야, 미안한데 내가 뭐라고 말해야 할지 모르겠구나."

"엄마, 나중에 커서 뭐가 되고 싶은지 그냥 말하세요. 엄마는 뭐든 될 수 있어요."

갑자기 엄마는 아이의 말이 이해가 되었다. 그 순간 그녀는 격렬한 감정에 사로잡혀 아무런 대답도 할 수 없었다. 아이는 엄마의 대답을 듣기를 포기하고 안방에서 나갔다. 하지만 딸 아이와의 간단한 대화는 엄마의 마음 깊은 곳까지 와 닿았다. 아이의 눈에는 그녀가 얼마든지 원하는 삶을 살 수 있는 사람이었던 것이다.

그녀의 가족, 그녀가 받은 교육, 그녀가 현재 종사하고 있는 파트타임 교사 근무, 그녀의 두 자녀⋯ 현재 그녀를 둘러싼 모든 조건이 너무나 당연한 것이어서 '변화'는 전혀 생각도 못했는데, 아이가 큰 깨달음을 던져준 것이다.

그녀의 미래는 전혀 확정되지 않았다는 것을, 그러니 새로운 꿈을 마음껏 꾸어도 된다는 것을.

문득 그녀는 가슴이 두근두근 뛰는 소리를 생생하게 들을 수 있었다.

거대한 쳇바퀴를 돌리는 사람들

당신은 대학 진학을 위해 고등학교 시절을 견뎌냈다. 대학에 가서는 취업에 성공할 때까지 또 많은 시간들을 견뎌냈다. 취업을 하고 나서는 결혼을 할 때까지만 견디기로 했다. 결혼식장을 나오면서는 아이를 낳을 때까지, 아이를 낳고 나서는 그 아이들이 학교를 갈 때까지, 그 아이들이 대학을 갈 때까지, 취업을 할 때까지…

당신뿐 아니다. 지구상의 헤아릴 수 없이 많은 사람들이 이 거대한 쳇바퀴를 끝없이 돌리고 있다. 더 놀라운 것은 계속 같은 자리로 돌아오면서도 앞으로 나아가고 있다는 착각 속에 살아간다는 사실이다.

쳇바퀴 속에서 새로운 꿈을 꾸는 것은 불가능하다. 엄마라서 불가능하고 아빠라서 불가능하다. 아직 집을 장만하지 못했기 때문에 불가능하고, 노후를 대비하려면 꿈 꾸기는 절대 허용될 수 없는 사치다.

우리는 늘 이런 말을 달고 산다.

"뭐? 그걸 하겠다고? 아직 철이 덜 들었구나."

"너는 참 세상물정을 모르는구나."

"그런 생각을 하다니, 배가 불렀구나."

하지만 오랫동안 수없이 입증되고 검증되어온 사실이 하나 있다. 즉 철이 덜 들고, 세상물정 모르고, 딴생각으로 배가 불렀던 사람이 결국 성공하는 위너가 된다.

위너들은 말한다.

"챗바퀴에서만 빠져나와도, 당신은 경쟁자의 절반 이상은 이긴 것이다."

승리의 여신은 챗바퀴를 누구보다 잘 돌리는 사람이 아니라 챗바퀴에서 내려온 사람의 손을 들어준다.

반쪽짜리 신이 떠나면 온전한 신이 온다

우리는 왜 챗바퀴를 돌리고 있을까? 두려움과 불안 때문이다. 끔찍하고 불행한 사건이 닥치면 어떤 미래도 의미가 없다고 생각하기 때문이다. 현재의 불안이 미래의 희망을 항상 이기기 때문이다. 하지만 진실로 말하건대, 불행은 결코 혼자 오지 않는다. 불행에서 벗어날 기회와 함께 온다.

열일곱살 된 한 소녀가 첫사랑에 실패했다. 소녀는 깊이 절망했다. 그때 엄마가 소녀의 침실 거울에 립스틱으로 적어놓은 문장 하나가 소녀의 눈에 띄었다.

'반쪽짜리 신이 떠나고 나면, 온전한 신이 온다.'

어려움, 두려움, 불안과 함께 인생을 어김없이 찾아오는 불행한 사건들에 대처하는 지혜로운 자세는 그 사건들을 겸허하게 받아들이는 것이다. 이 받아들임을 통해 더 나은, 더 온전한 삶을 사는 것이다.

위너들은 말한다.

"열심히 일했는데 거래처가 부도가 나는 바람에 파산하는 경우도 많고 믿었던 창업 멤버들에게 뒤통수를 맞는 경우도 비일비재하다. 갑자기 병마가 찾아올 수도 있고 사랑하는 사람들이 곁을 떠나는 슬픔도 존재한다. 당신만 이런 일을 겪는 것이 아니다. 이 세상 모든 사람이 겪는다. 따라서 불행한 사건은 신이 모든 인간을 테스트하는 시험과도 같다. 이 테스트를 통과하려면 어떻게 해야 할까? 답은 각자의 몫이다. 분명한 사실은 이 테스트를 통과하고 합격한 사람만이 위너가 된다는 것이다."

성공하려면 실력, 능력, 잠재력, 지식과 통찰, 운이 필요하다. 그리고 이 모든 것보다 더 절실하게 필요한 것이 있다. 바로 두려운 불행과 슬픔을 통과하는 지혜다.

1914년 12월 토머스 에디슨Thomas Edison이 67세였을 때 그의 연구실이 화재로 몽땅 타버리고 말았다. 피해액은 200만 달러를 웃돌았는데, 그가 보험사에 청구할 수 있는 보상금은 50만 달러에 불과했다. 이보다 더 막대한 피해는 그가 이루어놓은 모든 연구 자료들이 손상됐다는 것이다. 그의 학문적 성과를 집대성해놓은 원고와 논문, 메모 들이 불길 속으로 사라졌다.

불이 났다는 연락을 받고 허둥지둥 연구실이 있는 건물에 도착한 에디슨의 아들은 급히 아버지를 찾아다녔다. 그러다가 화재 현장에서 조금 떨어진 곳에서 불길을 바라보고 있는 에디슨을 발견했다. 에디슨은 차분한 미소를 띤 채 건물이 천천히 무너지는 모습을 지켜보고 있었다. 그러다가 문득 그는 주위 사람들에게 자신의 아내를 데려와달라고 부탁했다. 잠시후 그의 아내가 도착했을 때 에디슨은 이렇게 말했다.

"저것 좀 봐요. 우리가 평생 동안 다시는 경험하기 힘들 장면이오. 불행한 사건들은 무척 소중한 가치가 있지. 그간 내가 저질렀던 모든 오류가 지금 불타고 있소. 정말 감사하게도 이제 완전히 새로 시작할 수 있게 됐다오."

에디슨은 그렇게 신의 테스트를 탁월하게 통과했다. 그 결과 전대미문의 업적을 남긴 위대한 발명가로 그 이름을 인류 역사에 새길 수 있었다.

불행한 일, 좌절과 슬픔이 당신의 삶을 노크하면 정신 바짝 차리고 집중하라.

그건 신이 주신 기회다.

익숙한 것과 결별하기

한 남자가 집 열쇠를 잃어버렸다. 그는 곧장 열쇠를 찾기 시작했다. 그 모습을 지켜보던 이웃집 여자가 도와주겠노라 나섰다. 덤불 밑까지 샅샅이 살피며 열심히 열쇠를 찾던 여자가 문득 이상한 점을 발견했다. 정작 열쇠를 잃어버린 당사자는 계속 가로등 주위만 맴돌며 다른 곳은 거들떠보지도 않는 것이었다. 남자는 가로등 아래에서 앞으로 몇 걸음 나갔다가 다시 뒤로 돌아오기를 반복했다.

여자가 말했다.

"그 정도 찾았으면 가로등 주변에는 없는 거 아니에요? 다른 곳도 찾아보시죠."

남자가 답했다.

"아, 당연한 말씀입니다. 제가 열쇠를 다른 곳에 떨어뜨렸을 가능성도 있지요. 하지만 여기가 밝아서 찾아보기가 제일 좋아서요."

대체로 사람들은 꿈과 열정을 지금 자신이 하고 있는 일 주위에서 찾으려고 한다. 하지만 우리의 진정한 꿈은 정작 우리가 전혀 예상치 못한 곳에서 발견되곤 한다. 그래서 여행을 떠나야 하고, 전혀 낯선 길로 출근도 해보아야 한다. 낯선 사람과 커피를 마셔야 하고 한 번도 듣지 않았던 장르의 음악도 감상할 줄 알아야 한다.

위너들은 말한다.

"성공을 가로막는 장애물 중 하나는 '익숙함'이다. 익숙함에 중독되면 기쁜 일이 찾아와도 기쁜 줄 모르고, 불행을 겪어도 그것이 불행인지 모른다. 가장 위험한 사람은 무표정한 얼굴을 하고 있는 사람이다. 몸부림조차 치지 않는 사람이다. 자신의 삶에서 한 발자국도 바깥으로 나갈 필요를 느끼지 못하는 사람이다."

당신에게 묻는다.

지금 당신의 열쇠는 어디에 있는가?

안전하고 익숙한 곳에서만 그 열쇠를 찾고 있는가?

캐플런 이야기

길버트 캐플런Gilbert Kaplan은 25세 때 금융전문 잡지를 창간했다. 15년 뒤 그 잡지는 해당 분야에서 발행부수가 가장 많은 유명 매거진으로 성장했다. 그런데 갑자기 캐플런은 40세가 되던 해, 열정과 헌신을 다해 키워온 회사를 팔아치웠다. 무슨 일이 일어났던 것일까?

어느 날 그는 구스타프 말러Gustav Mahler의 교향곡 제2번을 듣고 있었다. 뭔가 형언할 수 없는 감동이 밀려들었다. 말러의 음악이 그의 내면에 오랫동안 잠들어 있던 삶의 영감을 깨워낸 것이다.

그후 캐플런은 말러의 교향곡 감상에 심취했다. 연주회는 물론 세계적인 오케스트라가 녹음한 말러의 교향곡들을 샅샅이 찾아 들었다. 그러다가 무릎을 치며 속으로 외쳤다.

'아, 다들 뭔가 조금씩 부족하군. 말러에 대한 좀 더 새로운 방식의 해석이 필요해! 모두가 할 수 없다면 내가 할 수밖에!'

그는 회사를 매각한 후 오케스트라 지휘자가 되겠노라 결심했다. 그를 아는 모든 사람이 코웃음을 쳤다. 캐플런은 그때까지 단 한 번도 지휘를 해본 적이 없었고 어떤 악기도 연주할 줄 몰랐기 때문이다. 친구들에게조차 정신 나간 사람 취급을 받았다. 악보조차 읽지 못하는 기업가가 마흔 살에 지휘자가 되려고 하다니! 코미디가 아닐 수 없었다.

캐플런은 아랑곳하지 않았다. 오히려 자신의 목표를 한 단계 높였다. 지금껏 어떤 지휘자도 해내지 못한 방식으로 말러를 해석하겠다고 마음먹었다. 그러고 난 후 열정적으로 그는 음악을 배우기 시작했다. 최고의 지휘자들을 찾아가 그들의 코칭을 끌어냈고 자신의 새로운 꿈을 위해 일로매진했다.

그렇게 2년의 세월이 흐른 1996년 캐플런은 마침내 지휘자가 되었다. 그의 오케스트라가 취입한 앨범은 그해 최고의 클래식 명반으로 각광을 받았다. 그리고 같은 해, 잘츠부르크 음악제 개막 공연에서 그는 지휘자로 무대에 섰다.

당신에게 묻는다.

당신은 살면서 '미친 사람' 취급을 받아본 적 있는가?

모두가 코웃음 치는 일에 도전한 적 있는가?

파격적으로 하라

도저히 이룰 수 없을 것 같은 꿈과 목표를 종이에 적어보라. 그러면 알게 된다. 그 가운데 몹시 끌리는 것이 있다는 사실을. 왠지 이룰 수 있을 것 같다는 생각이 드는 것도 존재한다는 사실을.

위너들은 말한다.

"'시각화'는 아무리 강조해도 지나침이 없다. 머릿속에 존재하는 걸 직접 눈으로 보는 습관을 들이면 인생은 정말 달라진다. 머릿속에서는 안 될 것 같은 일들을 직접 눈으로 보면 될 것 같다는 긍정적인 느낌이 든다."

우리는 모두 '위시리스트'를 갖고 있다. 다만 그 리스트가 머릿속에 있을 때와 눈앞에 놓여 있을 때는 그야말로 천지 차이가 난다. 믿기 어렵다면 반드시 경험해보라. 이 책의 '실천 연습'에서 내가 계속 일기를 쓰고 리스트를 작성해보고 종이 위에 뭔가를 기록하라고 주문하는 것도 그 효과가 엄청나기 때문이다.

머릿속 위시리스트 안의 '번지 점프 하기'는 아마도 평생 이루어지지 않을 수 있다. 하지만 이를 종이 위에 써놓으면 머잖아 도전이 가능할 것 같은 용기가 난다. 진실로 원하는 것, 꼭 이루고 싶은 목표, 인생을 걸어볼 만한 꿈이 있다면 절대 그것을 머릿속에 보관하지 마라. 새로운 삶을 열어주는 열쇠를 찾고 싶다면, 가로등이 비치는 익숙한 반경 바깥으로 나가야 한다. 머릿속만큼 우리에게 익숙한 공간은 없다.

위너들은 말한다.

"일을 할 때는 평범하고 익숙하고 편안하게 하지 마라. 파격적으로 하라. 꿈을 이루는 데 돈이 가장 필요한가? 그러면 돈을 평범하고 익숙한 방식으로 모아서는 안 된다. '미친 사람'이라는 소리 들어가며 지독하고 파격적으로 모아야 한다. 목표 달성에 영어회화가 필요한가? 그러면 남들은 흉내도 내지 못할 만큼 엄청난 인풋input을 쌓아야 한다. 적당히 해서는 안 된다. 미친 듯이 해야 한다."

내가 만난 위너들의 공통점 중 하나는 '미친 듯이 전력질주한 구간'이 있다는 것이다. 당신의 삶에도 이런 구간이 있었는지를 깊이 생각해보라.

더 많은 꿈을 실현할수록 더 강해진다

세계적인 동기부여 전문가 노먼 빈센트 필Norman Vincent Peale 박사는 이렇게 말했다.

"대부분의 사람들은 자신이 되고자 하는 존재가 되기 위해 필요한 모든 것이 자신의 내면에 존재한다는 사실을 믿지 않으려고 한다. 그래서 늘 자신의 가치보다 낮은 수준의 것들에 만족하려고 한다."

영국의 정치가 벤저민 디즈레일리Benjamin Disraeli도 다음과 같이 말했다.

"자신이 선언한 목표를 달성하기 위해 목숨까지 거는 사람의 의지는 그 무엇도 꺾을 수가 없다."

하늘은 스스로 돕는 자를 돕는다는 말은 언제나 진리다. 내가 내 삶을 돕지 않는데, 그 무엇이 내 삶을 돌봐주겠는가?

익숙함은 담배나 마약, 알코올과 같이 잠시잠깐의 안락과 쾌락을 제공할 뿐이다. 결국 익숙함은 우리의 삶을 파괴한다. 아주 작은 시련에도 쉽게 무너지고 마는 허약한 삶을 살고 싶은가? 그렇다면 계속 쳇바퀴를 돌려라. 신의 테스트를 통과해 새로운 삶으로 나가는 열쇠를 얻고 싶은가? 그렇다면 바퀴를 멈추고 익숙함의 바깥으로 걸어나오라.

《신곡》의 작가 단테Dante는 이렇게 말했다.

"강력한 불길은 아주 미세한 불꽃에서 일어난다."

미친 듯이 파격적으로 하되 작은 성취를 계속 얻어가라. 그러면 그 성취들이 모여 커다란 업적이 될 것이다.

〈마이 웨이My Way〉를 부른 프랭크 시나트라Frank Sinatra의 장례식에 참석한 미국 대통령은 이렇게 그를 추모했다.

"그는 언제나 자신의 방식대로 자신의 삶을 살았다."

우리의 근본적인 목표는 '마이 웨이'다. 내 방식대로 살지 않으면 타인이 통제하는 삶을 살게 된다. 타인은 우리를 효과적으로 통제하고 제어하기 위해 안전해보이는 쳇바퀴를 우리에게 선물한다.

에이브러햄 링컨은 어머니의 유언을 평생 받들며 살았다고 회고했다. 그의 어머니는 임종을 앞두고 아들에게 이렇게 당부했다.

"내게 약속해다오, 아들아. 영원히 의미 있는 사람이 되겠다고."

명심하라, 익숙한 곳에 머물러 있기에는 인생은 너무도 짧다는 것을.

◆◆◆ 실천 연습 ◆◆◆

1. 친구들이나 주변 사람들에게 '지독하다', '미친 것 같다'는 말을 들을 수 있는 일이 무엇일지 깊이 생각해본다.

2. 지난 5년 동안 내 삶에 얼마나 많은 일들이 있었는지 되짚어본다. 강렬한 인상을 남겼던 좋은 일은 무엇인가? 견디기 힘들었던 일은? 얼마나 많은 사람을 새로 사귀었던가? 너무나 후회스러웠던 일은? 지난 5년간 일어났던 일들이 앞으로 5년 동안 다시 일어난다면? 이 질문에 대한 답들을 기록해 나가면 삶이 달라질 것이다.

3. 아무도 못해낼 것 같은 일들을 기획하라. 그리고 당장 실행에 옮겨라. 결과는 아무래도 좋다. 전력질주하는 동안 당신은 이미 답을 얻게 된다.

4. 전력질주 구간은 반드시 기록으로 남겨라.

이유를 찾아라

당신에게 100만 달러의 가치가 있는 경주마가 있다고 상상해보라. 당신은 이 말을 어떻게 보살피고, 어떤 먹이를 줄 것인가? 100만 달러짜리 경주마에게 보드카-레몬을 마시라고 주고, 마요네즈를 곁들인 감자튀김을 주고, 디저트로 초콜릿 무스를 주겠는가? 물 대신 맥주를 주고, 귀리 대신 생크림을 듬뿍 올린 아이스크림 1파운드를 주겠는가? 요란한 하우스 뮤직을 틀어주고, 밤마다 술집에 데리고 다니겠는가? 담배를 가르치고, 마구간에 TV를 넣어주어 아주 예민해지게 만들어 잠을 설치도록 만들겠는가?

당연히 당신은 이런 일들을 하지 않을 것이다. 그런데 왜 그토록 많은 사람들은 자신의 몸에 이런 일들을 자행하는 것일까?

누리고 싶은 삶이 없기 때문이다

당신은 건강을 어떻게 정의하겠는가? 대부분의 사람들처럼 '병이 없는 상태'라고 답하겠는가?

하지만 건강은 그 차원에 머물지 않는다. 건강은 활력, 에너지, 양질의 삶, 삶의 기쁨을 뜻한다. 그렇다면 건강해지려면 어떻게 해야 할까? 다이어트? 금연과 절주? 달리기와 걷기? 실내 자전거 타기?

아니다. 건강해지는 '방법'은 수없이 많다. 이미 우리는 이 방법들을 시도했다가 포기해온 경험이 풍부하다. 따라서 역설적으로 말하면 방법은 건강을 만들어내는 데 별로 효과적이지 않다. 건강을 만들려면 건강해야 할 '이유'를 찾아야 한다.

위너들은 말한다.

"당신이 마흔 살이라고 해보자. 마흔 살에 드디어 당신은 평생 돈 걱정 하지 않을 만큼의 돈을 모았다. 그러면 당신은 곧장 운동화를 신고 달리기에 나설 것이다. 건강해야 그 돈을 쓰는 즐거움을 더 오랫동안 누릴 테니까. 아마도 당신은 수십 년 동안 피워온 담배도 쉽게 끊을 수 있게 될 것이다. 우리가 건강하지 못한 이유는, 술과 담배와 자극적인 음식에 탐닉하는 이유는, 누리고 싶은 삶이 없기 때문이다. 현재의 삶에서 도피하고 싶기 때문이다."

의미심장한 조언이 아닐 수 없다.

누리고 싶은 삶, 행복, 만족이 있으면 사람은 저절로 달리고 체중을 조절하고 금연을 하고 좋은 음식을 섭취한다. 그렇다면 부자가 되고 나서야, 걱정거리들이 모두 없어지고 나서야 우리는 건강해지고 싶어한다는 건가?

아니다. 삶의 매 순간을 즐기고, 삶의 매 순간이 행복하면 우리는 기꺼이 건강해지려고 노력할 것이다.

직장에서 인정을 받고 있다는 느낌이 들면, 그 직장을 더 오랫동안 다니고 싶어한다. 배우자와 사이가 좋으면, 배우자와 함께 하는 시간을 더 가지려고 노력한다. 아이들과 좋은 관계를 유지하고 있으면, 누가 시키지 않아도 아이들과 더 많은 시간을 갖게 된다.

건강도 마찬가지다.

삶이 건강하면, 몸도 건강해진다.

삶을 외면할 이유를 찾지 말고, 삶을 누려야 할 이유를 찾아야 한다. 밥 먹듯 이직할 생각하지 말고, 지금 있는 곳에서 승부를 봐야 할 이유를 찾아야 한다. 어떻게 하면 가족들과 떨어져서 편안히 혼자 시간을 보낼까 생각하는 대신 가족들이 소중한 이유를 찾아야 한다.

애써 외면하고 피하지만 않는다면, 당신이 누려야 할 삶은 어디에나 존재한다. 건강해지고 싶다면 지금까지의 삶을 과감하게 리셋하라. 그 과정에서 분명 당신이 더 건강해져야 할 이유를 찾게 될 것이다.

위너들의 5가지 조언

건강은 당신에게 뛰어난 추진력과 속도를 선물한다.

매일 퇴근 후 술집에 가는 사람과 헬스 클럽에서 땀을 흘리는 사람 사이에는 큰 차이가 존재한다. 술과 담배가 아니면 인생의 즐거움이 없는 사람과 술과 담배보다 더 큰 즐거움을 인생에서 찾았기에 자발적으로 몸을 만드는 사람, 둘 중 어떤 사람이 위너가 되겠는가?

비록 가난해도 웃음꽃이 끊임없이 피어나는 집이 있다. 그 집에 사는 사람들은 돈이 없어도 행복한 삶을 살 수 있는 방법과 이유를 찾는 데 성공했다. 그러므로 그들은 위너가 될 자격이 충분하다.

돈, 권력, 명예는 삶의 필수조건이 아니다. 있어도 좋고 없어도 괜찮다. 하지만 삶을 건강하게 살아가야 할 '이유'는 반드시 있어야 한다. 좋지 않은 중독을 끊어내지 못하는 이유는, 글자 그대로 끊어내야 할 이유를 찾지 못했기 때문이다.

그러니 '운동해야 한다, 술과 담배를 끊어야 한다, 건강한 음식을 먹어야 한다'는 강박에 시달릴 필요 없다. 이 모든 것을 한꺼번에 해결할 수 있는 삶의 진정한 의미와 이유를 찾는 데 에너지를 집중하면 된다.

위너들은 다음과 같이 조언한다.

첫째, 독서를 하라.

책을 읽는 습관을 들이면 지혜로워진다. 지혜로운 사람은 자기 삶에 지금 필요한 것이 무엇인지를 알게 된다.

둘째, 산책 코스를 개발하라.

의무감이 아니라 자발적으로 산책하는 습관을 들이면, 생각을 정리하고 싶을 때마다 산책을 하게 된다. 그러다 보면 삶에서 놓친 것들을 발견하게 되고, 이를 통해 더 의미 있는 삶을 모색할 수 있는 기회를 얻게 된다.

셋째, 가면을 벗어라.

좋은 사람의 얼굴을 벗어 던져라. 모든 사람에게 좋은 사람이 되기 위해 애쓰지 마라. 사랑하는 사람, 소중한 사람에게만 좋은 사람이면 충분하다. 가면을 벗어던지면 삶에 솔직해진다. 그 솔직함이 결국 지금껏 놓친 삶의 의미들을 재발견하게 만들 것이다.

넷째, 몰입하라.

좋아하는 일을 하면 몰입이 쉽다. 하지만 좋아하는 일만 하면서 살기는 어렵다. 따라서 힘들겠지만 좋아하지 않는 일에도 기꺼이 몰입하겠다는 태도를 가져야 한다. 이 시도를 하다 보면 '아하!'의 순간이 찾아온다.

'아하! 이 일을 내가 그렇게 못하지는 않는구나!'

'아하! 이 일을 내가 그렇게 싫어하지는 않는구나!'

'아하! 이거 생각보다 재밌는걸!'

역설적으로 말하면, 내가 좋아하는 일은 내가 좋아하지 않는 일에 몰입할 때 발견된다. 지레짐작하지 말고 일단 가슴을 활짝 열고 뛰어들어라.

다섯째, 사랑하는 사람들과 시간을 보내라.

사랑하는 사람들과 더 많은 시간을 보내는 것 또한 습관일 뿐이다. 처음에는 의도적인 노력이 약간 필요하겠지만, 꾸준히 함께 대화하고 웃고 마시고 먹다 보면 머지 않아 좋은 습관으로 당신의 삶에 탄탄하게 자리잡는다.

작심삼일을 끊어내라

우리는 부자와 CEO를 부러워한다. 그들이 갖고 있는 '삶의 여유'에 질투에 찬 시선을 보낸다. 그들은 남다른 방법을 찾아내는 데 성공한 것이 아니다. 그들도 우리와 똑같은 방법으로 살아간다. 다만 그들은 남다른 방법이 아니라 남다른 '이유'를 찾아내는 데 성공했기에 모두가 원하는 삶의 여유를 갖게 되었다.

성공하려면 파격적인 일을 해야 하고 미친 듯이 전력질주 해야 하고 낯선 곳으로 과감하게 떠날 줄 알아야 한다. 이런 일을 하는 데 필요한 것은 술과 담배가 아니다. 이런 일을 해야 하는 '이유'다.

이유를 찾아라.

그렇지 않으면 작심삼일을 반복하며 평생을 보내게 되고 말 것이다.

◆◆◆ 실천 연습 ◆◆◆

앞에서 소개한 위너들의 5가지 조언을 매일 실천할 수 있는

디테일한 계획을 수립한다.

그리고 매일 그 과정을 기록으로 남겨라.

지금 이 순간의 삶을 즐겁게 하는 것들과 그 이유들을 찾아내면 사람은

누구나 시키지 않아도 그것을 지속 확장할 수 있는 온갖 창의적이고

건강한 방법들을 찾아내게 된다.

이 사실을 끊임없이 나 자신에게 상기시켜라.

세 개의 그룹을
받아들여라

　　　야벳이라는 이름의 청년이 구름처럼 몰려든 청중과 함께 유명한 인물의 강연을 들었다. 그는 몹시 감동을 받았고 삶에서 몇 가지를 변화시키겠노라 결심했다.

　강연이 끝난 후 그는 모든 청중이 자신처럼 강연을 높이 평가하지는 않았다는 사실을 발견했다. 일부 사람들은 강연자에게 야유의 휘파람을 보냈다. 또 어떤 사람들은 강연을 부정적으로도 긍정적으로도 평가하지 않았다. 물론 강연에서 감명을 받은 사람들이 가장 많기는 했다.

　야벳은 강연자에게 직접 물었다.

　"청중들의 평가가 사뭇 엇갈리는군요."

강연자가 빙그레 웃으며 답했다.

"모든 강연장에는 이처럼 세 그룹의 사람들이 존재합니다. 조롱하고 비난하는 사람들, 중립적인 태도를 취하는 사람들, 그리고 열광하는 사람들입니다. 강연을 처음 시작했을 때는 저 또한 모든 사람이 제 강연에 열광하도록 온갖 노력을 했습니다. 하지만 그건 불가능하다는 것을 깨닫게 되었죠. 부정적인 태도로 비난을 일삼는 사람들은 강연의 질에 상관없이 습관적으로 그렇게 하는 것입니다. 타인의 의견에 마음을 열기 위해서는 용기가 필요한데, 모두가 이 용기를 갖고 있지는 않습니다. 시간이 지나면서 저는 점점 이 세 그룹을 모두 받아들이면 훨씬 수월해진다는 사실을 알게 됐습니다. 그리고 제가 전하고자 하는 메시지를 긍정적으로 받아들이는 그룹에만 집중하면 충분했습니다. 그때부터 저는 더 가볍고 행복하고 즐겁게 강연을 합니다."

어디에나 세 개의 그룹이 존재한다

위너들은 '거부'에 대처하는 법을 터득한 사람들이다. 그들은 어디를 가든 항상 다음의 세 그룹이 존재한다는 사실을 있는 그대로 받아들인다.

• 한 그룹은 당신을 거부할 것이다.

- 두 번째 그룹은 아무런 결정도 하지 못하고, 최종적으로 아무런 행동도 하지 않는다.
- 세 번째 그룹은 당신의 아이디어와 경험, 철학을 수용한다.

당신이 무엇을 하든 상관없이 항상 이 세 그룹을 만나게 된다. 이는 근본적인 현상이며, 절대로 당신의 제품이나 서비스, 회사 또는 당신 탓이 아니다. 이는 그저 무리를 지어 살아가는 인간의 천성이다.

나아가 모든 아이디어와 제품은 다음의 세 단계를 거친다.

1단계: 조롱. 사람들로부터 무시당하고, 공공연하게 웃음거리가 된다.

2단계: 비판. 일부 성공이 가시화되었기 때문에 계속 조롱하는 것은 적절하지 않다. 따라서 이 단계에서는 비판을 받는다. 비판은 조롱에 비해 능동적인 측면이 있기에, 두 번째 단계는 첫 번째 단계보다 더 발전한 단계로 간주할 수 있다.

3단계: 인정. 충분히 오랫동안 버티고 자신의 노선을 충실하게 고수하는 사람은 더 이상 비판받지 않는다. 비판 대신 인정을 받는다. 여전히 비판을 하고 싶어 하는 사람들이 있지만, 그들은 더 이상 '대세'가 아니다.

다행히도 각 단계에는 앞에서 언급한 세 그룹이 공존한다. 따라서 모든 사람이 동시에 당신을 조롱하고 비판하지는 않을 것이다. 단, 당신을 지지해줄 거라고 기대했던 사람들이 뜻밖에도 당신을 조롱하고 비판할 수도 있다. 하지만 각 단계에는 당신의 행위를 긍정적으로 평가하는 사람들 또한 충분히 존재할 것이다.

명작은 항상 뜨거운 논란에 휩싸인다

중요한 것은 나의 입장과 견해에 대해 비판적이고 부정적인 사람을 어떻게 다룰 것이냐다.

극단적인 성향을 가진 사람들은 모든 비판을 완전히 차단한다. 그들은 타인의 객관적인 시선에서 배울 수 있는 기회를 스스로 박탈한다.

그들의 맞은편에는 또 다른 극단적인 사람들이 존재한다. 그들은 모든 비판과 거부를 지나치게 의식한 나머지 자신의 생각과 행동에 대해 깊은 회의감을 품는다. 그들은 모든 사람의 마음에 들고자 애를 쓴다. 그 때문에 자기 자신에게 충실하지 못하게 된다.

가장 바람직한 것은 '황금률'을 찾는 것이다.

정당하다고 생각되는 비판은 외면해서는 안 된다. 무엇인가 제대로 작동하지 않았다면 열린 마음으로 이를 깨끗하게 인정해야 한다. 비판을 기꺼이 받아들이는 태도를 보여주면, 비판하는 상대를 당신에게 열광하는 팬으로 만들 수도 있다. 무엇보다 타인의 지적을 경청하면 빠르게 성장한다.

밑도 끝도 없는 비판이 등장했을 때는 당당하게 이를 거부하라. 논리가 결여된 감정적인 비난, 시니컬한 태도, 무조건 부정하고 보는 삐딱한 사람들을 만났을 때는 소극적으로 행동해서는 안 된다. 다시는 그럴 생각을 못 할 만큼 적극적인 태도를 취해야 한다. '아, 이 사람을 잘못 건드리면 큰 낭패를 보겠구나' 싶은 느낌을 확실하게 심어주면 좋다.

위너들은 말한다.

"가장 경계해야 할 것은 타인의 비판을 감정적으로 받아들이는 것이다. 그러면 사람들은 당신에게 솔직하고 진지한 조언을 하지 못하게 된다. 다시 말해 성공에 필요한 추진력과 속도를 얻을 수 없다. 감정적인 태도를 갖지 않도록 연습하고 또 연습해야 한다."

지금 가장 인기 있는 책에 달린 독자들의 서평을 살펴보라. 흥행몰이를 하고 있는 영화에 남긴 관객들의 평점을 들여다보라. 찬사를 보내는 사람도 많고, 혹평을 하는 사람도 많을 것이다. 명작일수록, 위대한 작품일수록 항상 뜨거운 찬반 논란에 휩싸여 있다.

먼지를 털어내라

우리는 인정해야 한다. 우리에게는 타인을 변화시킬 힘이 없다는 것을.

누구에게나 자유 의지가 있다. 다만 타인의 비판을 어떻게 받아들일지에 대한 권리는 언제나 우리 자신에게 있다. 나아가 관심이 없으면 비판도 없다. 누군가의 비판을 듣는다면, 늘 그것을 애정어린 조언으로 먼저 받아들여라.

《성서》에는 다음과 같은 구절이 있다.

"어떤 집을 떠날 때는 너희 발의 먼지를 털어버려라."

좀 이상하지 않은가? 집에 들어가기 전에 발에 묻은 먼지를 털어야 하는 것이 아닐까? 아마도 이 구절은 다음과 같이 해석할 수 있다.

'어떤 집에 갔을 때 너희를 받아들이지 않고, 너희 말도 듣지 않는다 해도 괘념치 마라. 털어내면 그뿐이다. 또 다른 집에 방문했을 때는 너희를 반겨줄 사람들이 충분히 있을 테니까.'

발에 묻은 티끌을 털어내지 않고 오랫동안 길을 걸으면 어떻게 될까? 모래알처럼 아주 작은 티끌이라 할지라도 방치한 채 오래 걸으면, 어느 순간 더 이상 걸을 수 없을 정도로 발에 상처를 낼 수 있다. 그러니 타인의 비판을 받으면 그저 툭툭 털어버리는 습관을 몸에 들이는 것이 중요하다.

전갈의 운명

그렇다면 앞에서 살펴본 세 개의 그룹은 왜 존재하는 것일까? 특히 모든 것을 무조건 비판하는 사람들은 왜 존재하는 것일까?

지금부터 소개하는 개구리와 전갈에 관한 이야기가 이 미스터리를 명쾌하게 설명해준다.

강가에서 전갈 한 마리가 생각에 잠겨 있었다. 그러다가 개구리를 발견한 전갈은 기쁜 얼굴로 도움을 요청했다.

"나는 헤엄을 칠 줄 몰라. 네가 나를 업어서 강 건너편으로 데려다줄 수 있겠니?"

개구리가 단호하게 고개를 저으며 말했다.

"나는 그렇게 멍청하지 않아. 강을 건너는 중에 너는 분명 나를 독침으로 쏘겠지. 그러면 나는 죽게 될 거고!"

전갈이 어이가 없다는 듯 다시 말했다.

"이봐, 머리를 좀 굴려봐. 내가 독침을 쏴서 그대가 죽어버리면, 나도 강물에 빠져 죽게 되는데, 내가 그렇게 하겠는가?"

일리가 있다고 생각한 개구리는 전갈을 등에 업은 채 강을 건너기 시작했다. 강 한복판에 이르렀을 때 개구리가 거센 물살에 약간 몸을 움찔했고, 그 순간 전갈이 독침을 쏘았다.

개구리는 죽어가면서 물었다.

"대체 왜 그런 거야! 너도 물에 빠져 죽게 되는데!"

전갈이 답했다.

"나는 전갈이니까."

물에 빠져 죽을 줄 알면서도 본능적으로 독침을 쏜 전갈 같은 사람들이 세상에는 많다. 인터넷에 악플을 다는 사람들에게는 어떤 이유도 없다. 그들은 본능적으로 자신의 댓글 때문에 상처받고 괴로워하는 사람의 모습을 즐길 뿐이다. 도둑은 도둑질을 하고, 사기꾼은 사기를 치고, 조롱꾼은 조롱을 한다. 그들을 바꾸는 것은 불가능하다.

건전하고 도움이 되는 비판은 받아들이고, 정말 비난에 불과한 말들에는 관심을 끈다. 당신이 높은 자리에 오를수록, 세상에 이름을 알릴수록, 원하는 목표와 성공에 다가갈수록 주변에 전갈들이 들끓을 것이다.

전갈들에게 독침을 쏘지 말라고 설득하는 데 에너지를 쓰지 마라. 전갈들을 물리치는 간단한 방법은 그들에게 당신 삶의 초점을 맞추지 않는 것이다.

자신에게 집중하라

타인의 비판에 휘둘리지 않을 수 있는 좋은 방법 중 하나는 '자기 자신에게 집중하는 것'이다. 내가 만난 한 대기업의 CEO는 이렇게 말했다.

"나는 타인에게서 터무니없는 이야기를 들었을 때는 습관적으로 그 이야기를 이렇게 바꿔놓는다. '이봐, 지금 저 사람이 너에게 뭐라고 말하고 있는 줄 알아? 네가 초록색 얼굴을 한 화성인 군대의 사령관이라는군.' 그러면 조용히 웃고 넘어 갈 수 있다."

그렇다. 웃어 넘겨라. 그리고 타인의 말에 신경 쓸 시간을 자신의 내면을 돌보는 일에 써라.

위너들은 남들보다 더 배고파하고, 더 배우고 싶어 하고, 더 열심이다. 왜 그런지 아는가? 감정을 타인에게 쓰지 않기 때문이다. 열정과 욕구를 자신을 위해 쓰기 때문이다.

감정을 자신에게 쓰는 사람은 바위처럼 탄탄하다. 시끄러운 소음에 흔들리지 않는다.

와이셔츠 소매를 걷어붙인 채 자기 업무에 몰두하면서 햄버거를 먹고 있는 사람은, '남들이 이런 음식을 먹는 모습을 보면 뭐라고 할까?'라는 생각을 하지 않는다. 도로에서 난데없이 끼어드는 차량을 향해 경적을 크게 울리거나 보복운전을 하는 행동 따위는 하지 않는다.

위너들은 말한다.

"방해꾼들을 절대 당신 삶에 들여놓지 마라."

당신은 훼방이 목표인 방해꾼들보다 더 높고 더 중요한 목표를 가진 존재다. 당신 자신에게 집중하는 삶을 살라. 그러면 타인이라는 감옥에서 자유로워진다.

위너들은 '선택적인 인식'에 뛰어나다. 즉 더 행복하고 더 성공적인 삶을 사는 길에 집중한다. 긍정적인 기억을 관리할 줄 알고 자신의 성공을 기록으로 남겨 그것을 더 오랫동안 기억함으로써 목표를 향한 집중력을 배가시킬 줄 안다.

경험에 따르면 자신의 실패를 덜 기억하는 사람일수록 성공할 확률이 더 크다. 성공을 하지 못한 사람은 자신이 겪은 불행한 사건과 힘든 상황에 대해 털어놓고 싶어 한다. 반면에 위너들은 최근 자신이 특히 잘해낸 일에 대해 이야기하고 싶어 한다.

당신이 부정적인 생각과 실패를 곱씹는 동안 위너들은 긍정적인 생각과 성공을 되새긴다는 사실을 기억하라. 당신이 작은 비판에도 신음하는 동안 위너들은 그걸 모래알처럼 털어버린다는 사실을 잊지 마라.

뜨거운 논쟁을 불러일으키는 사람이 되는 것을 두려워하지 마라. 당신의 견해를 놓고 찬반 논쟁이 활발하게 이루어지면 오히려 이를 기쁘게 받아들여라.

위너는 늘 방해꾼과 구경꾼, 그리고 열광하는 팬들을 구름처럼 몰고 다닌다.

◆◆◆ 실천 연습 ◆◆◆

1. 나는 거부를 당할 때마다 곧바로 먼지처럼 털어낼 것이다. 나의 행동을 비판하는 그룹은 항상 존재한다는 사실을 명쾌하게 이해하고 기꺼이 수용할 것이다. 이를 감정적으로 받아들이지도 않을 것이다.

2. 나는 내가 인류를 변화시킬 수 없다는 사실을 안다. 따라서 내가 제어할 수 있는 일에 집중할 것이다. 나의 능력을 증진시키고, 나의 관점을 점검할 것이다.

3. 오늘 나는 긍정적인 일과 성공에 대해 이야기하는 사람들과 대화를 나눌 것이다. 오늘 누군가가 부정적인 경험에 대해 이야기하려 하면, 자리를 떠날 것이다. 나 또한 사람들에게 오늘은 긍정적인 이야기만 할 것이다. 부정적인 이야기를 하는 것은 잡초에게 거름을 주는 것이나 다름없다는 것을 안다.

10퍼센트 더 하라

한 기자가 세계 챔피언이 된 불가리아 출신의 역도 선수에게 물었다.

"훈련 중에 역기를 열 번 들어올린다고 하면, 열 번 중 몇 번째가 가장 중요합니까?"

챔피언이 답했다.

"열한 번째가 가장 중요합니다."

성공하려면 100퍼센트로는 충분치 않다. '성공을 위해 최선을 다한다'는 문장에서 '최선'은 무엇을 의미할까? 그렇다. 최선은 언제나 '110퍼센트'다.

잠시 책장을 덮고 생각해보라.

지금 바로 팔굽혀펴기를 한다면, 몇 개나 할 수 있겠는가? 열 개, 스무 개, 서른 개… 당신은 숨이 턱에 차오른 벌개진 얼굴로 더 이상 팔을 들어올리지 못하며 말할 것이다.

"이게 나의 최선입니다."

물론이다. 당신이 전력을 다했다면 당신은 최선을 다한 것이다. 하지만 당신이 여러 해 동안 팔굽혀펴기를 전혀 하지 않았다면, 지금 보여준 당신의 '최선'은 아마도 '압도적인' 결과는 아닐 것이다. 지금부터 매일 꾸준히 연습하면 석 달 후 당신의 팔굽혀펴기 실력은 몰라보게 좋아질 것이다. 그때 당신의 '최선' 또한 석 달 전과는 매우 다른 결과를 보여줄 것이다.

위너들은 말한다.

"최선을 다했다는 말은 대체로 변명에 사용되는 경향이 있다. 어떤 결과가 만족스럽지 않을 때 우리는 '그래도 최선을 다했으니까…'라고 자신을 위로하지 않던가? 하지만 진짜로 최선을 다했다면 '위로'가 아니라 '축하'를 자신에게 보냈을 것이다. 현재의 최선에 속아서는 안 된다. 당신에게는 현재보다 더 높은 수준의 최선을 보여줄 능력이 충분히 잠재되어 있다."

10퍼센트의 매직

위너들은 어떤 일을 하든 '10퍼센트 더 하라'고 주문한다. 하루 5분 하는 팔굽혀펴기서부터 하루 종일 집중한 중요한 프로젝트에 이르기까지, 언제나 10퍼센트를 더 하면 성공의 근육이 빠르게 강화된다. 더 이상 할 수 없다고 생각되는 순간 팔굽혀펴기를 한 개 더 하는 사람이 가장 큰 폭으로 성장하고 결국 위너가 된다.

110퍼센트의 노력을 기울일 준비가 되어 있는 사람은 늘 그 사람이 속한 분야의 최상위 집단에서 발견된다. 그들은 10퍼센트를 더 했을 뿐임에도 그 이상의 보상을 받는다. 즉 100퍼센트와 110퍼센트는 단순히 10퍼센트 차이에 불과한 것이 아니다. 둘 사이의 차이는 하늘과 땅 차이만큼 엄청나다. 평소에 꾸준하게 10퍼센트를 더 하면 1,000퍼센트 또는 1만 퍼센트 이상의 폭발적 성장으로 이어지기도 한다.

역사상 최고의 펀드매니저로 평가받는 존 템플턴John Templeton은 인터뷰를 하지 않는 것으로 유명했다. 그런 그가 집요하게 요청해오는 한 잡지사와의 사진 촬영을 끝까지 거절할 수 없어 '30분'이라는 조건을 달고 예외적으로 응한 적이 있다. 그런데 그날, 템플턴은 사진작가의 촬영에 7시간이나 함께 했다.

그는 이렇게 설명했다.

"그렇습니다. 나는 사진 찍는 일에 시간을 낭비하는 걸 끔찍하게도 싫어하죠. 하지만 그 사진작가는 좀 달랐습니다. 다른 작가들이 100퍼센트로 일한다면 그는 110퍼센트로 하는 사람이라는 느낌이었어요. 감탄이 나올 만큼 열정적이었고 자신의 작업에 푹 빠져 있더군요. 나는 자신의 일과 뜨겁게 데이트하는 사람을 방해하고 싶지 않았을 뿐입니다."

고통을 사랑하라

위너들은 말한다.

"10퍼센트 더 노력하는 가장 큰 이유는, 자기 자신에 대해 존경심을 가질 수 있기 때문이다. 자신을 존중하는 것보다 더 큰 보상은 없다."

10퍼센트 더 하는 사람은 늘 다음의 태도를 나타낸다.

'이 일은 내가 아니면 누구도 할 수 없어. 내가 해야만 해. 그리고 나는 그걸 해내고 말 거야.'

10퍼센트 더 하는 사람은 고통을 사랑한다. 그리고 다음과 같은 의미심장한 말을 우리에게 들려준다.

"대부분의 고통은 즐기고 사랑할 만한 것들이다. 다만 진짜 사랑할 수 없는 고통이 있다. 그건 바로 목표를 달성하지 못했을 때의 고통이다."

영화배우 아널드 슈워제네거Arnold Schwarzenegger는 이렇게 말했다.

"고통은 좋은 것이다. 고통이 수반되는 구간을 어떻게 다루는지에 따라 챔피언의 여부가 결정된다. 나는 나를 챔피언으로 만들어주는 고통을 몹시 사랑한다.”

담대한 목표를 설정하라

심리학자들의 연구에 따르면, 인간의 잠재력은 인간이 상상하는 것보다 훨씬 크다. 100퍼센트를 다했다고 생각하지만, 그건 우리가 갖고 있는 잠재력의 70퍼센트밖에는 발휘하지 못한 것이다. 따라서 ‘최선을 다하겠다’라고 하지 말고 ‘무엇이든 한계치에서 10퍼센트를 더 하겠다’는 태도를 가지면 성공에 그만큼 빠르게 접근할 수 있다.

위너들은 말한다.

“성공한 비결들 중 단 하나만 꼽으라고 한다면, 목표 수치를 크게 잡았다는 것이다. 하프 마라톤을 뛸 수밖에 없는 체력임에도 풀 코스 마라톤에 나선 것이다. 목표가 큰 사람이 목표가 작은 사람보다 더 빨리 목표를 이룬다.”

목표는 담대하게 설정한다. 그리고 매일 10퍼센트를 더 한다. 그러면 누구보다 빠른 속도와 추진력을 얻을 수 있다. 나아가 목표가 큰 사람이 디테일에도 강하다.

가장 흔한 변명은 이것이다.

‘내가 마음만 먹으면 뭐든 다 할 수 있다고.’

마음만 먹는다고 해서 뭐든 할 수 있으면 성공하는 사람이 그렇게 소수일 리 만무하다. 결심만으로는 아무것도 이룰 수 없다. 구체적인 고통을 사랑하지 않으면 진짜 고통만 남을 뿐이다.

세상의 모든 멋진 보상은 추가적인 10퍼센트에서 탄생한다. 10퍼센트 더 하는 습관은 우리의 삶을 걸작으로 만들어준다.

◆◆◆ 실천 연습 ◆◆◆

1. 운동을 할 때 최대 한계치에서 한 개 더, 1분만 더 한다. 이를 기록으로 남겨 동기 부여와 자극을 얻는 데 활용한다.

2. '최선을 다했다'는 상투적인 말을 쓰지 않는다. 남들보다 10퍼센트만 더 한다는 생각을 체화한다.

3. 목표를 이루었을 때의 모습을 상상하며 현재의 고통을 견딘다. 궁극적으로 고통을 사랑하는 수준으로 나아간다.

4. 규칙적인 휴식을 통해 집중력을 강화시킨다. 10퍼센트를 더 하는 데 필요한 것은 인내력이 아니라 집중력이다.

'그럼에도 불구하고' 살아가라

　　　　　　한 소녀가 남자친구와 함께 부둣가를 산책했다. 남자친구는 오랫동안 항해를 하고 돌아온 선원이었다. 소녀는 여러 가지 힘든 문제로 심사가 복잡했다.

선원이 괴로워하는 여자친구에게 물었다.

"만일 내가 이 부두에서 발을 헛디뎌 바다에 빠지면, 익사하고 말까?"

소녀가 방파제에 부딪치는 거센 파도를 바라보며 답했다.

"당연하지. 물에 빠져 죽겠지."

선원이 다시 말했다.

"단지 물에 빠졌기 때문에 익사한 사람은 한 번도 본 적이 없어. 물속에 계속 머물러 있었기 때문에 익사한 거지.”

소녀는 확신이 없었다.

“익사하지는 않더라도, 최소한 심한 저체온증으로 사망할 수도 있겠지.”

선원이 빙그레 웃었다.

“물에 빠지자마자 저체온증에 걸리는 사람은 없어. 물속에서 오랫동안 버티다가 그렇게 되는 것이지. 그러니까 내가 말하고 싶은 것은, 물에 빠졌다고 해서 모두 죽는 건 아니라는 거야. 다시 물 밖으로 나오면 별다른 일이 생기지 않지. 물에 빠졌다고 해서 죽을 궁리를 할 게 아니라, 살아나올 방법을 찾으면 돼. 이미 일어난 문제 때문에 괴로워하지 말고, 찬찬히 해결 방법에 대해 생각해봐.”

문제는 우리에게 별다른 권력을 휘두르지 못한다. 가장 큰 위험은 문제가 발생했을 때 갖게 되는 ‘좌절과 공포’다. 좌절과 공포 속에서 허우적대기 때문에 패배하는 것이지, 우리에게는 문제 때문에 패배하는 경우가 그다지 많이 발생하지 않는다.

발생한 문제에 감정적으로 사로잡혀 있는 것만큼 인생에 도움이 되지 않는 것도 없다. 살다 보면 누구나 물에 빠진다. 발목을 잡힌다. 예기치 않은 함정과 덫에 걸린다.

위너들은 말한다.

"문제를 해결하는 지혜는 좌절과 공포에 잡혀 있는 시간을 단축시키는 것이다. 어떤 문제가 발생했을 때 3주 동안 아무 것도 하지 못했다면, 그다음에는 이를 3일로 단축시키고, 그다음에는 3시간으로, 최종적으로는 3분으로 단축시킨다. 이는 불가능한 훈련이 아니다. 습관으로 만들어놓으면 침착함을 빠르게 되찾게 되고, 비로소 문제 해결책에 집중할 수 있게 된다."

물론 인간의 힘으로 제어할 수 없는 치명적인 질병이나 천재지변, 운명적 고난을 만났을 때는 이러한 능력이 가동되지 않는다. 하지만 일상에서 일어나는 문제들의 대부분에는 이 능력이 제대로 발휘될 수 있다. 문제에 대한 '결정권'이 자신에게 있다는 사실을 잊지 않으면 두려운 감정 상태에서 빠르게 벗어날 수 있다. 문제가 발생하면 거기에 어쩔 수 없이 소요되는 감정을 10퍼센트를 넘지 않게 하고 나머지 90퍼센트를 해결책에 집중할 수 있을 때 우리는 위너가 된다.

위너들이 문제를 대하는 자세

위너들이 문제를 대하는 자세는 왜 다른가? 위너들의 에너지의 원천은 무엇인가? 그들의 시각은 평범한 사람들의 그것과는 완전히 다르다. 무엇보다도 다음의 3가지 측면에서 다르다.

1. 위너들은 문제를 결코 최종적인 상태라고 여기지 않는다.

위너들은 문제를 볼 때 '이건 바꿀 수 있어'라고 믿는다. 그렇기 때문에 위너들은 해법을 모색할 힘이 있다. 반면 자신의 문제를 불가역적인 최종적 상태라고 믿는 사람들은 '운명'에 순응한다.

2. 위너들은 하나의 문제가 삶의 모든 영역에 영향을 끼치는 것을 허용하지 않는다.

삶의 한 부분에서 문제가 발생했을 때는 이를 너무 과대평가해서는 안 된다. 일어난 문제를 너무 크게 받아들이면 두려움이 바이러스처럼 삶의 다른 부분으로 점점 퍼져나간다. 문제가 발생하면 침착하게 이를 격리한다. 문제라는 바이러스에게 제압되지만 않으면 좋은 치료제를 곧 생각해낼 수 있게 된다.

3. 위너들은 자책하지 않는다.

위너들은 문제를 성장을 위한 도전이자 기회라고 여긴다. 반면에 자신의 능력 부족과 성격적 결함 때문에 문제가 생겼다고 자책하는 사람들은 무력감만 느낀다. 이런 상태에서 어떻게 신속하게 삶 전체를 획기적으로 바꿀 수 있겠는가?

위너들은 다음과 같은 자세로 문제를 대한다.

첫째, 문제를 바라보는 우리의 관점이 진짜 문제다.

흔히 우리는 문제를 지나치게 심각하게 받아들이거나, 문제가 성장을 위한 기회를 의미한다는 사실을 잊어버린다. 해법에 관해 고민하는 순간 문제는 하나의 도전이 된다. 다양한 문제는 우리에게 중요한 교훈을 제공해주며, 우리를 강하게 성장시킨다.

둘째, 언제나 정면으로 맞서는 용기 있는 사람들에게 모든 문제는 가치 있는 선물을 준다.

인생에는 그 선물이 꼭 필요하다. 따라서 문제들을 적극적으로 찾아 나서야 한다.

셋째, 문제는 사람들로 하여금 인생을 확장할 기회를 준다.

문제가 발생하면 기존의 익숙한 환경에서 벗어나야 해법을 찾을 수 있다. 이 과정에서 아주 멋진 이벤트들이 벌어진다. 배우고 성장하는 것이 삶의 진정한 의미라면, 크고 작은 문제들은 이러한 성장의 계기가 되어준다.

넷째, 부자가 되고자 하는 사람은 남들보다 더 많은 문제에 맞서야 한다. 우리는 내면의 에너지를 두 가지 차원에서 사용할 수 있다. 하나는 문제를 피해다니는 데에 쓰는 것이다. 이 경우 우리는 문제를 영원히 피해다니는 것이 불가능하다는 사실을 깨닫게 되고 결국 더 깊은 좌절의 늪으로 들어간다. 다른 하나는 문제와 더불어 성공적으로 살아가는 데에 에너지를 사용하는 것이다.

다섯째, 문제가 사라지기를 바라지 않는다. 문제에 맞서는 태도를 통해 더 많은 능력을 갖추기를 바란다.

여섯째, 성공을 관리하는 일은 누구든 할 수 있다. 실패와 문제, 역경을 다루는 일은 아무나 하지 못한다. 위너는 마음이 내키지 않을 때도 최고의 성과를 달성해낸다. 모든 성공은 상을 가져다주고, 모든 실패는 우리를 강하게 만들어준다. 나무가 탄탄하게 성장하려면 햇빛도 필요하고 폭풍우도 필요하다. 우리의 삶도 마찬가지다.

일곱째, 문제는 자신에게 숨겨져 있던 위대함을 발휘하게 만든다. 잠들어 있던 창의력을 일깨우고, 이를 통해 창조적으로 행동하게 이끈다.

여덟째, 모든 문제와 고통 뒤에는 금광이 숨겨져 있다. 하지만 그 금광을 단 한 번도 발견하지 못하는 사람들이 대다수다.

아홉째, 집채 만한 파도가 삶을 덮친 것처럼 느껴졌던 문제도 좀 더 멀리서, 좀 더 높은 곳에서, 좀 더 긴 안목으로 바라보면 졸졸 흐르는 시냇물이었음을 깨닫게 된다.

인생에서 발생하는 문제는 다음의 3가지 유형으로 정리된다.

1. 당사자가 직접 통제할 수 있는 문제. 이 경우에는 습관을 바꾸면 문제가 해결된다. 예컨대 정해진 액수의 돈으로 잘 지

널 수 있느냐는 절약하는 습관이냐, 펑펑 쓰는 습관이냐에 달려있다. 이는 온전히 당사자의 영향력 안에 있는 문제다.

2. 당사자가 간접적으로만 통제할 수 있는 문제. 이 경우에는 자신의 통제 영역을 확장시킴으로써 문제를 해결한다.

3. 당사자가 전혀 통제할 수 없는 문제. 하지만 이러한 상황에서도 자신의 내면적 상태, 즉 자신의 감정이나 반응은 통제할 수 있다. 가장 좋은 태도는 여유 있는 미소를 유지하는 것이다. 그러면 자신이 처한 상황에도 불구하고 행복해질 수 있다.

삶은 결코 수월해지지 않는다

왜 또 나야? 왜 항상 나한테만 이런 일이 생기는 거지? 때때로 삶이 나에게 특정한 시그널을 보내주는 것 같을 때가 있다. 내가 그 시그널에 내포된 교훈을 제대로 이해할 때까지 삶은 계속해서 동일한 시그널을 보낸다. 이럴 경우 뭔가를 바꿔보고자 이사를 할 수도 있고, 직장이나 파트너를 바꿔볼 수도 있다. 하지만 아무것도 달라지지 않는다. 삶이 우리에게 시그널을 보낼 때는 피해 가려 하지 말고, 그 시그널에 내포된 교훈이 뭔지 고민해보아야 한다. 어느 누구도 자신에게 주어진 과제로부터 계속 도망다닐 수는 없다. 가령 주어진 과제를 피하기 위해 일본으로 이민을 가더라도, 동일한 과제의 일본식 버

전과 마주칠 뿐이다. 이사를 간다고 해서 완전히 딴 사람이 되는 것은 아니니까.

처음에는 작은 시그널이 다가오다가 이를 무시하면 망치같이 육중한 시그널이 닥쳐온다. 삶은 우리를 벌주지 않는다. 다만 우리를 가르칠 뿐이다. 모든 것에는 의미가 있다. 간혹 그 의미를 한눈에 알아보기가 힘든 경우도 있긴 하다. 하지만 어떤 특정한 시점에 자신의 시야를 가리는 베일을 벗게 되면 자신에게 부족한 것이 무엇인지 확실하게 보인다. 예컨대 공감 능력이나 분별력, 자녀들이나 주변 사람들에 대한 책임감, 마음의 평안 등이 자신에게 부족하다는 사실을 깨닫게 된다. 본인이 전달받은 시그널의 의미를 제대로 깨달아야만, 비로소 더 이상 이와 관련한 여러 일들을 겪을 필요가 없어진다.

그렇다고 해서 모든 문제가 '삶이 우리에게 보내준 선물'은 아니다. 많은 문제들은 당사자 스스로가 자초한 것들이다. 예컨대 살림이 넉넉지 않으면서도 더 큰 자동차로 바꾼다거나 더 큰 집을 구입하면, 새로운 문제들이 발생한다. 이런 문제를 자초한 사람은 자신이 두려워하는 이런저런 일까지도 불가피하게 자초하게 된다. 이처럼 개개인의 생각들이 각자의 상황들을 만들어낸다.

늘 그런 건 아니지만 삶은 때때로 고통스럽다. 삶이 이처럼 고통스러운 이유 중 하나는 대부분의 사람들은 고통을 겪어야만 자신의 삶을 변화시키기 때문이다. 고통이 개입되지 않는 한, 많은 것은 변하지 않는다. 하지만 진짜 힘들고 고통스러운 일이 닥치면 사람들은 그제야 정신을 차리고 자신에게 필요한 변화를 받아들인다.

새로운 도전들이 인생을 강하게 만든다는 사실에 이의를 제기하는 사람은 없다. 하지만 만일 자신에게 선택권이 있다면, 누구나 자신에게 과도하게 부담이 되지 않는 '일정한 한계' 내의 편안한 도전을 선택할 것이다. 대다수의 사람들은 자신이 지향하는 것을 성취하기 위해 불가피하게 겪어야 할 것들을 피하고 싶어 한다. 여러 가지 도전과 문제 들은 그 정의만 살펴보아도 편안함과는 거리가 멀다. 이들은 원천적으로 불편한 존재다. 하지만 사람은 누구나 자신의 역량을 극단적으로 요구하는 상황을 통해서만 성장하기 마련이다.

앞으로도 삶이 결코 '수월해지지'는 않을 것이다. 하지만 사람들은 이를 계기로 성장할 수 있고, 자신에게 주어진 문제들을 예전보다 더 잘 극복하는 방법을 배울 수 있다. 이 책에서 얘기하는 문제를 다루는 방법들은 쉬운 삶을 위한 레시피가 아니라, 드라마틱한 변화를 이끄는 삶을 위한 레시피다.

대다수 사람들은 자신에게 아무런 문제가 없어야만 행복할 수 있다고 생각한다. 반면 위너들은 삶에는 늘 이런저런 문제들이 산적해 있다는 사실을 꿰뚫고 있다. 커다란 성공을 거둔 사람일수록 더 많은 문제를 안고 살아간다. 따라서 그들의 선택은 한 가지다. 자신에게 발생한 문제들을 사랑하는 방법을 배우는 것이다.

위너들은 말한다.

"인생은 '그렇기 때문에' 사는 것이 아니다. '그럼에도 불구하고' 사는 것이다."

성공하고 싶은가?

위너가 되고 싶은가?

더 큰 문제들을 찾아 떠나라.

◆◆◆ 실천 연습 ◆◆◆

1. 오늘 어떤 문제가 등장할 경우, 즉시 그 문제의 해결에 집중한다.

2. 내가 이 문제를 겪는 첫 번째 사람이 아니라는 사실을 스스로에게 분명히 한다. 유사한 상황에서 성공적으로 행동한 본보기들을 찾아 그들에게서 배운다.

3. 근본적인 문제는, 문제를 바라보는 나의 시각이라는 사실을 이해한다. 이는 마치 팬케이크와도 같다. 모든 팬케이크에는 상대적으로 밝은 면과 어두운 면이 있다. 따라서 오늘 나는 자신에게 이렇게 묻는다. '내 문제의 장점은 무엇일까?'

4. 나는 사람들이 문제를 발판으로 성장한다는 사실을 안다. 따라서 나는 문제를 피해가지 않는다. 어떤 문제를 극복할 때마다 나는 다음에 맞설 중요한 도전을 찾아 나선다. 문제는 내게 일종의 스포츠다.

열여섯 번째 습관 ●

오래된 습관을 떠나라

　　　　　　랄프는 상황이나 여건이 마음에 들 때만 일하는 사람이었다. 추운 겨울이 오면 빈둥거리며 따뜻한 봄이 오기를 기다리는 성격이었다.

　랄프에게는 좋은 조언을 해주는 선배가 있었다. 그는 랄프에게 뛰어난 잠재력이 있다고 믿었다. 그럼에도 그걸 충분히 발휘하지 않고 그럭저럭 살아가는 랄프를 더 이상 바라보기가 힘들었다.

　그러던 어느 날 선배는 놀러 온 랄프를 위해 커피를 끓였다. 갓 끓인 커피가 담긴 주전자를 들고 랄프가 앉아 있는 식탁으로 와서는, 다짜고짜 식탁 위에 주전자 속 내용물을 붓기 시작했다. 깜짝 놀란 랄프가 만류했지만 선배는 들은 척도 안 했다. 뜨거운 커피가 사방으로 튀었고, 랄프는 망연자실한 표정으로 선배를 쳐다보았다.

선배가 말했다.

"이 주전자 속 커피는 자네의 잠재력을 상징하지. 하지만 자네에게는 그 커피를 담을 커피잔이 없어. 자네가 가진 잠재력은, 자네에게 주기는 아까운 것들이라네. 그렇게 빈둥거리지 말고 어서 가서 이 소중한 것들을 담을 커피잔을 만들어 와."

최악의 고용주

직장에 다니는 사람들은 늘 독립을 꿈꾼다. 하지만 독립해서 성공한 사람은 극히 드물다. 회사에서 상당한 실력을 인정받았던 사람들도 예외는 아니다. 오랫동안 자신의 고용주를 부자로 만들어준 사람들이 왜 정작 자신은 부자로 만들지 못하는 것일까?

위너들은 이에 대한 답을 다음과 같이 제시한다.

"타인의 통제와 압박이 있어야 비로소 목표를 이루는 습관이 몸에 배어 있었기 때문이다. 그래서 스스로를 이끄는 방법을 알지 못했기 때문이다."

생계가 목표였던 사람이 그보다 더 큰 목표를 세웠다면 해야 할 일은 하나다. 오래된 습관을 떠나야 한다. 뛰어난 실력과 능력의 소유자도 마찬가지다. 새로운 목표가 생겼다면 그 실력과 능력을 새롭게 담아낼 새로운 습관이 필요하다. 이 사실을 간과했기에 자신만만했던 독립과 창업이 결국 실패로 돌아가고 마는 것이다.

앞에서 소개한 랄프는 봄에도, 여름에도, 가을에도, 겨울에도 늘 똑같은 루틴과 습관으로 일했다. 그러다 보니 발전이 없었던 것이다. 커피의 맛과 향을 온전하게 즐기려면 그에 걸맞은 좋은 커피잔들을 갖고 있어야 한다. 그런데 사시사철 단 하나의 커피잔만을 갖고 있다면, 아예 그런 커피잔조차 갖고 있지 않다면 좋은 커피를 세상에 선보일 방법이 없다.

학교 공부에는 천재적인 소질을 보였던 사람이 사회에서는 낙제생을 면치 못하는 경우도 마찬가지다. 오랜 루틴, 익숙한 습관, 늘 하던 방식을 자신도 모르게 고수하고 있기 때문이다. 오래된 칭찬과 인정에 푹 젖어 있기 때문이다.

위너들은 말한다.

"최악의 고용주는 나쁜 습관이다."

태풍을 불러오는 나비의 날갯짓

오래된 습관을 떠날 수 있는 지혜는 간단하다. '작은 차이들'에 주목하는 것이다. 설정한 일간 목표, 주간 목표, 월간 목표를 아슬아슬하게 달성하지 못했다면, 이를 그냥 넘어가지 말고 왜 그 '아슬아슬함'이 발생했는지를 검토한다. 열 시간을 목표했는데, 아홉 시간을 일했다면 왜 그랬는지 진지하게 숙고해본다. 고객 100명 유치가 목표였는데 95명 유치로 끝났다면 95퍼센트나 달성했으니 좋은 실적이라고 생각하지 말고, 왜 100명 이상을 확보하지 못했는지에 대해 냉정하게 반성해본다.

당신이 오래된 습관, 나쁜 습관에 고용되어 있다면 이런 작은 차이를 무시해도 좋다. 당신이 누군가의 지시와 명령을 받아 일을 하고 있다면 목표의 90퍼센트 정도만 달성해도 훌륭하다. 하지만 당신의 꿈과 목표가 원대하다면, 타의 추종을 불허하는 성공을 원한다면 이 작은 차이들이 가져오는 파급효과를 반드시 알아야 한다.

나와 친분이 있는, 명성 높은 CEO는 이렇게 말했다.

"직원은 대체로 두 부류다. 90퍼센트 달성해놓고 자신이 유능하다고 뿌듯해하는 사람, 99퍼센트를 달성해놓고 남은 1퍼센트를 달성 못해 분해하는 사람이다. 당연히 후자에게 경영자들은 마음이 끌린다. 왜 끌릴까? 고용주를 위해 일하던 직장인 시절, 자신의 모습을 보는 것 같아서다."

이 같은 작은 차이의 중요성을 잘 알고 있는 사람은 자기통제력이 강하다. 즉 고용되어 있다 할지라도 고용주보다 먼저 자신을 위해 일하고 있는 것이다. 적당한 타협을 용납하지 않기에 직장을 나와 독립을 해서도 자기 자신에게 엄격할 줄 안다. 나아가 이제는 오롯이 자신만을 위해 더욱 일하기 좋은 환경이 되었기에 직장을 다닐 때보다 더 큰 목표와 성과를 위해 정진하게 된다.

평범한 일을 특별하게 하라

특별한 재능이 있는 사람만이 성공하는 것은 아니다. 엄청난 노력을 기울인 사람만이 성공하는 것도 아니다. 성공은 평범한 일을 특별하게 잘하는 사람이 얻을 수 있는 성취다. 최고의 대학교에 합격하는 학생들의 비결은 천재적이지 않다. 그저 예습과 복습, 오답 노트 작성을 다른 학생보다 더 잘하고 더 잘 만들었을 뿐이다.

평범한 일을 특별하게 하려면 낡은 습관을 돌아봐야 한다. 나아가 자신이 무엇에 관대한지도 철저하게 살펴볼 줄 알아야 한다.

지금은 대기업 경영자가 된 한 사람이 내 강연회에서 이렇게 말한 적 있다.

"나의 성공비결은 간단하다. 가장 먼저 출근해서 가장 나중에 퇴근하는 사람이 되겠다는 계획을 세웠고, 이를 한번도 어긴 적이 없었다."

모든 습관을 떠나라는 것이 아니다. 한결같이 지켜온 루틴이 있다면, 평범한 일을 특별하게 하는 습관이 있다면 이는 계속해서 가지고 가라. 다만 새로운 상황에 맞게 탄력적으로 적용해야 한다. 실패하는 사람들은 언제나 계획은 탁월하다. 정작 탁월해야 할 실행력은 저조하다. 그들이 성공하지 못하는 이유는 이게 전부다.

습관은 재능과 노력만으로 형성되지 않는다. 철저한 자기통제력, 그리고 자기결정력이 동반되어야 비로소 좋은 습관이 탄생한다. 나쁜 습관보다 좋은 습관을 들이기가 어려운 이유가 여기에 있다.

자기 사업을 하겠다고 상담을 요청해오는 미팅 자리에 나가 보면 의외로 '내게는 딱히 좋은 습관도 없지만, 흡연이나 폭음 같은 나쁜 습관도 없다'고 말하는 사람들을 많이 만난다.

나는 그들에게 진심어린 조언을 한다.

"나쁜 습관이 없다고요? 좋은 습관이 없는 것이, 가장 나쁜 습관입니다."

목표를 향해 달리는 우리에게 고용주는 '습관'이다. 최악의 고용주를 위해 일할 것인지, 최고의 고용주를 위해 일할 것인지는 오직 자기통제력과 자기결정력, 평범한 일을 특별하게 해내는 루틴에 달려 있다.

지금 당장 당신의 루틴과 습관들을 점검해보라.

당신이 통제할 수 있고 당신이 스스로 결정할 수 있는 것들은 남기고, 그렇지 않은 것들은 모두 과감하게 버려라. 오래된 습관을 떠나지 않으면 새로운 습관이 들어설 방법이 없다.

맑고 향기로운 커피를 즐길 수 있는 좋은 커피잔을 만들어라. 한번 만들고 나면 그다음부터는 계속 쉬워진다.

이것이 인생의 묘미요, 우리를 살게 하는 힘이다.

◆◆◆ 실천 연습 ◆◆◆

1. '이 정도면 잘하고 있는 거야'라고 생각했던 것들을 모조리 점검한다. 왜 '그 정도'에 만족했는지 시간을 할애해 깊이 생각한다.

2. '가장 빨리 출근하고 가장 늦게 퇴근한다'와 같이 당신의 의지와 통제력을 상징할 수 있는 슬로건을 만들어본다. 슬로건에 그쳐서는 안 된다. 눈에 잘 띄는 곳에 붙여 동기와 자극을 부여받는다.

3. 음주와 흡연의 양과 횟수를 매일 기록한다. 심리학자들에 따르면, 이 타임 테이블을 만들어 꾸준히 들여다보면 절주와 금연에 큰 도움을 얻는다고 한다.

4. 하루에 한 번씩 의식적으로 알람을 맞춰놓고, 알람이 울리면 질문을 던진다. '나는 누구를 위해 일하고 있는가?'

터닝포인트
구간에 있어라

　　　　　한 청년이 정말 운 좋게도 미국 정유업계의 억만장자의 멘티가 되었다. 청년은 멘토가 되어준 억만장자에게 기쁜 얼굴로 물었다.

"어떻게 하면 제 삶이 바뀔 수 있을까요?"

억만장자가 서류함에서 종이 한 장을 꺼내 청년에게 주었다.

"여기에 자네에게 어울릴 만한 목표와 그것을 이룰 수 있는 구체적인 계획을 내가 미리 짜놓았다네. 그러니 오늘부터 즉시 실행에 옮기면 된다네."

청년은 감격에 겨워하며 공손하게 그 종이를 두 손에 받아든 다음 조심스럽게 읽어나갔다. 잠시 후 그의 얼굴에는 절망

스러운 기색이 맴돌았다. 한껏 풀이 죽은 목소리로 그는 멘토에게 말했다.

"5년 안에 100만 달러의 자산을 만들려면 1년에 20만 달러를 모아야 합니다… 지금 제 연봉이 3만 달러 정도인데, 이것이 가능할까요…"

억만장자가 답했다.

"비현실적으로 느껴지는가?"

청년은 거의 울먹이는 표정으로 답했다.

"솔직히 말씀드리면, 그렇습니다."

억만장자가 담담한 얼굴로 다시 말을 이었다.

"지금 자네가 처해 있는 현실을 바꾸려면 비현실적인 목표와 계획이 당연히 필요하지 않겠나? 현실을 획기적으로 바꾸지 않으면 삶은 별로 달라지지 않는다네. 1년에 20만 달러도 못 모을 거면 부자가 될 생각은 접어야지. 착실한 저축이 아니라 죽기 살기로 모으겠다는 비장한 태도를 가져봐. 그러면 곧바로 커다란 변화에 필요한 터닝포인트turning point가 만들어지고, 거짓말처럼 빠른 속도로 목표를 이루게 될 거야. 언젠가는 꼭 부자가 되고 싶은가? 그렇게 되려면 지금 당장 부자처럼 생각하고 부자처럼 행동해야 한다네. 할 수 있는 선에서 최선을 다하며 살고 싶다면 굳이 나를 찾아올 필요가 없었다네."

억만장자는 청년을 자신의 정원 한켠에 있는 텃밭으로 데

려갔다. 그곳에서는 엄청나게 큰 호박들이 무성하게 자라고 있었다. 그런데 그중 한 호박만 눈에 띄게 크기가 작았다. 청년은 묻지 않아도 그 이유를 알 수 있었다. 그 호박은 유리병 속에서 자라고 있었기 때문이다.

억만장자가 말했다.

"삶에 목표를 맞추면 유리병 속 호박처럼 된다네. 목표에 삶을 맞춰야 한다네. 1달러를 열망하면 삶은 정확히 1달러만 주지. 이것이 내가 젊은 자네에게 줄 수 있는 유일한 조언이라네."

당신의 열망은 몇 그램인가?

이 책을 통해 나는 누누이 목표 설정의 중요성, 실행의 가치에 대해 설명하고 강조해왔다. 위너가 되는 데 필요한 것은 목표와 실행, 두 가지면 충분하기 때문이다. 나머지는 이 둘을 위한 툴tools과 팁tips일 뿐이다.

목표를 설정할 때는 내가 그것을 이루고자 하는 열망의 크기부터 냉철하게 측정할 수 있어야 한다. 생각해보라. 당신에게는 집이 있고, 가구가 있고, 자동차가 있을 것이다. 이것들을 어떻게 손에 넣었는가? 돈이 생겼기 때문에? 맞는 말이다. 그렇다면 왜 돈이 생겼는가? 원하는 것이 무엇인지 정확하게 알았고, 그것을 손에 넣고자 하는 열망의 크기를 알았기 때문에 그 열망에 걸맞은 규모의 돈을 만들 수 있었던 것이다.

위너들은 말한다.

"'지금은 무리야'라고 생각되는 것이 있는가? 그게 당신의 목표가 되어야 한다. 그리고 목표를 이루려면 터닝포인트가 반드시 있어야 한다. 사람들은 터닝포인트가 목표를 세운 다음 차근차근 계단을 오르다 보면 정상까지 절반쯤 남았을 때 찾아온다고 막연히 생각한다. 틀렸다. 비현실적이고 무리한 목표를 세우는 순간, 즉시 당신 삶의 터닝포인트가 시작된다. 터닝포인트는 어느 한 순간에 오는 것이 아니다. 손에 닿을 수 없는 목표를 세우고, 그것을 손에 넣을 때까지의 전 구간을 성공한 사람들은 '터닝포인트'라고 부른다."

심오한 통찰이 아닐 수 없다. 터닝포인트를 원한다면 목표를 유리병 속에 넣어서는 안 된다. 손에 닿는 목표만 이루는 사람에게는 획기적인 터닝포인트가 생겨나지 않는다.

영국의 작가 조너선 스위프트Jonathan Swift는 말했다.

"아무것도 기대하지 않는 것도 정말 큰 목표다. 기대하지 않으면 절대 좌절할 일도 없기 때문이다."

삶은 늘 두 갈래 길이다. 기대가 없는 삶, 그리고 기대가 충만한 삶이다. 인생은 자연법칙을 따른다. 무엇인가를 열망하고 그것을 위해 열심히 일하면, 그것을 얻게 된다. 따라서 열심히 일하는 것도 좋지만, 그보다 먼저 열망의 사이즈를 키워야 한다. 열망을 키우려면 그 열망하는 대상이 위대한 것이어야 한다.

나는 비즈니스 미팅과 강연을 통해 성공한 많은 인물들을 만났다. 만날 때마다 그들에게 꼭 던지는 질문이 있다.

"탁월한 성공을 거둔 당신에게도 혹시 후회가 되는 일이 있나요?"

이 질문에 대한 가장 많은 답이 무엇인지 아는가?

"내가 더 큰 목표를 세웠더라면, 내 삶이 획기적으로 달라졌을 겁니다."

모두가 부러워하는 부자와 CEO가 되었음에도 그들은 더 큰 목표를 세우지 못한 것을 후회하고 있었다.

타인이 당신보다 먼저 집을 장만하고, 멋진 가구를 들이고, 고급 자동차를 탄다고 해서 조바심 낼 일이 아니다. 목표와 열망의 사이즈가 남다르다면 그들의 성취는 당신이 앞으로 이룰 것들과 견줄 때 발꿈치에도 못 미친다.

손에 닿을 수 없는 목표

손에 닿을 수 없는 원대한 목표를 세우면 무엇보다 '10퍼센트 더 하는' 습관이 빠르게 몸에 밴다. 새 아파트나 고급 승용차 따위가 목표가 아닌 사람은 평범한 성장이 아닌 비약적인 성장을 적극적으로 모색한다. 당장에 사들이는 집, 가구, 자동

차는 목표가 아니라 목표를 이루는 데 방해가 되는 장애물임을 알게 된다.

위너들은 말한다.

"무엇이든 10퍼센트 더 하는 삶을 살고 있다면 당신은 지금 당신 삶의 결정적인 터닝포인트 구간에 있는 것이다."

여기서 또 하나의 통찰이 생겨난다. 원대한 목표를 세우면, 그 목표를 이룰 수 있는지의 여부는 더 이상 중요해지지 않는다. 즉 그 원대한 목표 달성을 위해 터닝포인트 구간에 진입하는 순간 우리는 배움과 성장에서 놀라울 만한 도약을 나타낸다. 그리고 그 도약이 눈부신 업적을 만들어낸다.

앞에서 위너들은 '더 큰 목표'를 세우지 못한 것을 후회한다고 말했다. 남들이 보기에 모든 면에서 성공한 그들 또한 최후의 목표는 아직 이루지 못한 것이다. 그들도 우리처럼 더 큰 목표를 향해 배움과 성장의 기회를 계속 넓혀가는 과정에 있을 뿐이다.

진정한 목표는 어쩌면 생전에 도달할 가능성이 없는 것일지도 모른다. 하지만 그 목표를 추구하는 과정에서 우리는 경쟁자를 압도하는 위대한 선수가 된다. 인류가 멸망하는 그날까지 올림픽 기록이 계속해서 경신되는 것과 마찬가지다. 누구도 깨트릴 수 없을 것 같은 기록, 누구도 넘볼 수 없는 성공 또한 언젠가는 깨지게 마련이다.

인생은 목표를 향해 가는 여정이다. 아니, 정확히 말하면 인생은 '위대한 목표'를 향해 가는 '위대한 여정'이다.

손에 닿을 수 없는 목표를 세우면 결과는 중요해지지 않는다. 손에 닿을 수 없는 목표를 세우면 수없이 실패하고 넘어지고 좌절한다. 그러는 동안 점점 강해지고, 적당한 만족의 유혹을 물리치게 되고, 10퍼센트 더 하게 되고, 배움과 성장에 대한 압도적인 열망을 갖게 된다.

손에 닿을 수 없는 목표를 세운 사람은 터닝포인트를 피할 도리가 없게 되고, 인생을 바꾸지 않을 도리가 없게 된다.

◈◈◈ 실천 연습 ◈◈◈

1. 시간이 흐른 뒤 도전해보고 싶었던 과제들을 점검한다. 그리고 그 과제들보다 더 큰 목표를 세워 오늘부터 실행에 옮긴다.

2. 누구도 넘볼 수 없는 목표를 세우고 이를 향해 매진한 인물들의 이야기를 수집한다. 그 과정에서 누구보다 큰 동기부여를 자연스럽게 얻게 될 것이다.

3. '지금은 무리야, 불가능해'라고 말하는 사람들과 소모적인 논쟁을 하지 않는다. 지구상에는 분명 당신과 같이 손에 닿을 수 없는 목표를 세운 사람들이 있다. 그 사람들을 찾는다.

4. 내면의 목소리에 귀 기울인다.
   '나는 지금 터닝포인트 구간에 있는가?'

상대가 원하는 것을 주어라

《이솝 우화》에는 너무도 유명한 이야기가 담겨 있다.

해와 바람이 서로 자신이 더 힘이 세다고 우기다가 나그네의 외투를 누가 먼저 벗길 수 있는지 내기를 했다. 바람은 나그네에게 거센 돌풍을 마구 날려 보냈다. 하지만 바람이 거세질수록 나그네는 외투를 더 단단히 여몄다. 마침내 바람이 힘이 빠져 포기했을 때, 해가 따스한 빛을 나그네에게 비추었다. 그러자 곧 몸이 따뜻해진 나그네는 외투를 벗었다.

인간관계에서 이해와 관용, 타인에 대한 긍정적인 평가, 선의, 친절과 호의, 관심과 타협이 바탕이 된다면 훨씬 많은 것을 이루어낼 수 있다. 또 거기에는 나뿐만 아니라 타인도 똑같이 잘되길 바라는 진정한 소망이 전제되어야 한다. 앞서 나열한 이 모든 수식어는 한마디로 '사랑'이라 부를 수 있다.

사람의 마음을 여는 힘

사랑은 순간적으로 생겨나는 감정 그 이상이다. 사랑이라는 단어는 왠지 진부해 보이며, 많은 이들은 이 단어의 사용을 부끄러워한다. 하지만 인생에서 가장 필요한 것이 무엇이냐고 물을 때, 가장 핵심적인 것이 바로 사랑이다. 사랑은 타인과의 관계를 따뜻하고 순탄하게 만들어준다. 나아가 사랑은 모든 문제를 가장 빨리 해결해주기도 한다.

사랑은 우주에서 가장 강력하고 영리한 힘이다. 더 많은 사랑을 쏟아 부을수록 자신의 목표에 더 빨리 도달하고, 더 많은 에너지를 얻게 된다. 만일 우리에게 최대한의 저항을 받으며 자신의 목표에 도달할지 혹은 최소한의 저항으로 도달할지 선택하라고 한다면, 당연히 후자일 것이다. 사랑은 아무런 저항을 유발하지 않으며, 이 때문에 사람들로 하여금 가장 빨리 목표에 도달하게 한다. 사랑이 없다면 모든 것이 서로 부딪히고 에너지만 허비하게 된다. 따라서 경제적 측면에서 볼 때도 누구나 항상 사랑을 선택해야 한다.

사랑은 가장 강력한 힘이다. 하지만 현실에서는 사랑보다 논쟁을 좋아하는 사람들이 많다. 논쟁에서 이기면 돋보일 수 있고, 그 돋보임이 목표 도달에 유리하게 작용한다고 생각한다. 물론 논리로 상대를 제압하는 사람은 화려해보인다. 하지만 생각해보라. 쓰디 쓴 쓸개즙이 가득 담긴 항아리보다 달콤한 꿀 한 방울에 더 많은 벌들이 모여들게 마련이다.

위너들은 말한다.

"우리는 타인을 설득해야 성공할 수 있다고 배워왔다. 하지만 타인은 설득의 대상이 아니라 포용의 대상이다. 설득의 목표는 마음을 여는 것이다. 우리는 우리를 받아들이는 사람에게 마음을 연다."

작은 대화에서도 기어코 자신의 의견을 관철하려는 사람이 있다. 주변 사람이 모두 말문이 막혀야 직성이 풀리는 사람이 있다. 그렇게 해서 그가 얻는 것은 무엇인가? 상대를 제압했다는 짜릿한 쾌감? 결국 모든 사람이 곁을 떠나고 그는 마침내 홀로 남은 자기 자신과 대결하게 될 것이다.

레몬을 주고 있지는 않은가?

환자는 진심으로 자신을 대한다는 믿음을 주는 의사에게 마음을 연다. 의료진에게 마음을 연 환자의 완치율은 그렇지 않은 환자보다 훨씬 높다. 고객의 신뢰를 얻은 세일즈맨이 언제나 판매왕 자리에 오른다. 따뜻한 카리스마를 가진 CEO가

이끄는 회사를 떠나는 인재들은 없다. 부모와 자녀 사이의 가장 중요한 관계는 '애착관계'다.

'당신이 대우받고 싶은 만큼 타인을 대우하라.'

그렇다. 이 간단한 원칙을 지키지 않기에 우리는 늘 사람 때문에 힘들어하고 괴로워한다. 상대가 원하는 것을 내가 원하는 것보다 먼저 생각하는 습관만 들여도, '인간관계'를 둘러싼 문제들의 팔 할은 해결될 것이다.

위너들은 말한다.

"인간관계가 자꾸 꼬일 때는 잠시 호흡을 가라앉히며 생각해보라. 상대는 오렌지를 원하는데, 자꾸만 당신은 레몬을 주고 있지는 않은가? 상대가 원하는 것을 즉시 제공할 형편이 아니어도 괜찮다. 상대가 원하는 것이 정확히 무엇인지 알아내고자 애쓰는 당신의 태도만으로도, 상대는 신뢰와 호감을 느낀다."

팀장인 당신이 지시한 업무를 당신의 의도대로 정확히 해낸 팀원을 보면 어떤가? 아마도 당신은 그에게 전폭적인 지지를 보낼 것이다. 그리고 그 팀원에 대한 호감과 신뢰를 웬만해서는 철회하지 않을 것이다. 팀원도 마찬가지다. 자신이 원하는 것을 당신이 정확하게 읽어내면, 오랫동안 당신을 진심으로 존중하고 따를 것이다.

상대가 원하는 것을 알려면 뛰어난 관찰력이 필요하다. 사람은 누구나 자신의 욕구와 열망에 관한 시그널을 끊임없이 방출한다. 그 시그널을 잘 감지하고 올바르게 해석할 줄 알아야 한다.

최악의 태도는 '내가 왜 그 사람이 원하는 것에 초점을 맞춰야 하는데?'다. 상대가 내게 얼마나 가치 있는 사람인지를 파악하는 것도 중요하다. 다만 가치의 등급에 따라 사람을 차별적으로 대해서는 안 된다.

타인과의 관계를 은행계좌라고 상상해보라. 그 계좌가 텅 비어 있는데 예기치 않은 청구서가 날아오면 어떻겠는가? 반면에 계좌에 상당한 규모의 잔고가 있다면 어떤 청구서가 도착해도 아무런 문제가 없다. 우리는 이 '관계계좌'에 끊임없이 입금할 수 있어야 한다. 잔고가 쌓여갈수록 타인과의 관계는 더욱 조화로워진다.

위너들은 말한다.

"언젠가는 지금 당신이 소홀히하고 있는 사람을 다른 중요한 곳에서 다시 만난다. 그게 인생의 법칙이다. 그때 그가 당신에게 큰 도움을 줄 수 있는 자리에 있다면 어떻겠는가? 당신을 의도적으로 폄하하고 괴롭히고 갉아먹는 사람이 아니라면, 그 어떤 사람도 가볍게 대하지 마라. 늘 마음을 열어 따뜻하게 감싸 안아라. 상대가 원하는 것을 알고 싶다면, 상대의 진심이 무엇인지 알아야 한다. 상대의 마음을 열지 않으면 언제나 당신은 오렌지가 아니라 레몬을 주게 될 것이다."

24개의 황금률

다음의 원칙들은 타인에게 원하는 것을 제공하는 데 도움을 주는 이정표다. 이 원칙들을 지킬 때마다 '관계계좌'에 잔고가 쌓여간다.

1. 할 수 있을 때마다 격려하라. 비록 작은 성공이라 할지라도, 그가 이루어낸 성공을 아낌없이 칭찬해주어라. 칭찬은 햇빛과 같다. 칭찬이 없으면 누구도 자랄 수가 없다. 칭찬은 아무리 해도 지나치지 않다.

2. 항상 자존심을 유지할 수 있는 기회를 주어라. 어느 누구에게도 망신을 주지 말고, 모욕하지 마라. 타인의 실수를 대수롭지 않게 여겨라.

3. 그가 없는 자리에서는 그에 대해 긍정적인 이야기만 하라. 긍정적인 이야깃거리가 없으면 아무 말도 하지 마라.

4. 상대를 주의 깊게 관찰하라. 그러면 그가 뭔가 좋은 일을 할 때 당신의 눈에 띨 것이다. 그리고 나서 칭찬을 할 때는 구체적으로 근거를 제시해 형식적인 빈 말처럼 들리지 않도록 하라.

5. 타인의 고귀한 생각과 동기에 호소하라. 누구나 너그럽게

베풀 줄 아는 사람이고 싶어 한다. 누군가의 행동이 개선되길 원한다면, 그가 타인의 조언을 경청할 줄 아는 품위 있고 우아한 면을 가진 사람인 것처럼 대하라. 그러면 그는 당신을 실망시키지 않기 위해 각별한 노력을 기울일 것이다.

6. 되도록 비판을 삼가고, 비판을 하더라도 간접적으로 하라. 어쩔 수 없이 그의 행동은 반박하더라도 절대 그의 사람 됨은 공격하지 마라. 지적을 할 때는 상대를 돕고자 하는 태도를 분명하게 보여주어라. 글로 비판하는 일은 절대로 삼가라.

7. 상대가 내게 호감을 느낄 기회를 주어라. 자기자랑을 하지 말고 자신의 약점을 인정하라. 겸손하라. 적을 만들고 싶으면 남보다 높은 패를 내놓고, 친구를 만들고 싶으면 남보다 낮은 패를 내놓아라.

8. 실수를 했다면 사과하라. 질책받을 일이 있다면, 다른 사람이 나서기 전에 얼른 스스로 그것을 인정하는 태도가 가장 현명하다.

9. 명령하지 말고 제안하라. 압박을 강요하지 말고 협력을 구하라.

10. 상대가 화내는 걸 이해하라. 화를 내는 것은 관심을 얻기 위해 도움을 요청하는 시그널이다. 상대의 화에 공감하고 관심을 가져라. 그러면 그는 당신의 사람이 된다.

11. 늘 적게 말하라. 상대에게 말할 기회를 최대한 주어라. 그것이 경청의 본질이다.

12. 성공적인 업무를 수행하는 데 어떤 좋은 아이디어가 기여했다면, 그런데 그 아이디어가 당신과 상대가 협업한 결과로 나온 것이라면? 당연히 상대를 그 아이디어의 주인으로 만들어야 한다. 그러면 상대는 당신의 리더십 밑에서 계속 아이디어 뱅크가 되겠다고 결심한다.

13. 상대의 말을 끊는 것은 최악이다. 이 최악의 순간들이 직장과 가정에서 너무나 많이 일어나고 있다.

14. 다음과 같은 인디언 속담을 마음에 간직하라. "그 사람의 모카신을 신고 1킬로미터를 걸어보기 전에는, 그 사람에 대해 말하지 마라."

15. 이성적인 사람이 되려고 애쓰지 마라. 현명한 사람이 되어라. 현명한 사람은 자신이 틀릴 수 있다는 사실을 항상 인정한다.

16. 특별한 이유가 없더라도 자주 선물하라. 상대를 기쁘게 할 창의적인 선물 전달 방법을 찾아보라. 센스 있는 선물은 당신이 그를 얼마나 많이 생각했는지 보여준다.

17. 반발이 있을 경우 스스로를 자제하라. 먼저 상대의 말에 귀 기울여라. 그리고 서로 일치하는 부분을 찾아보라. 스스로에게 비판적인 자세를 지녀라. 상대의 말에 대해 숙고해보

겠다고 약속하고, 반론을 제시해주어 고맙다는 인사를 잊지 마라.

18. 재미를 위해 상대의 약점을 이용하지 마라. 상대를 웃음거리로 만드는 사람과 의미 있는 대화를 나누고 싶어 하는 사람은 없다.

19. 미소를 지어라. 다른 사람에게 미소 짓지 않는 사람보다 미소를 더 필요로 하는 사람은 없다.

20. 타인에게 말을 걸 때는 최대한 그의 이름을 정중하게 불러라. 이는 그 사람을 존중한다는 시그널이다. 직책이나 직급보다 예의를 차려 이름으로 불러주는 사람에게 더 큰 호감을 느낀다는 심리학자들의 연구 결과도 존재한다.

21. 발생한 사안에 대해 상대의 시각에서 보는 법을 익혀라. 그가 정말로 필요로 하는 것은 무엇인지, 어떻게 하면 그를 도와줄 수 있는지 자문해보라.

22. 대화를 할 때 처음에는 상대가 좋은 사람임을 부각시켜라. 그다음에는 상대와 당신의 일에 대해 조율하라. 마지막에는 상대가 당신에게 호감을 느낄 수 있도록 진행하라.

23. 빠르게 용서하라. 절대 감정의 앙금을 남기지 마라.

24. 당신에게 꼭 필요한 사람이 있다면, 언제나 그 사람을 위해 기도하라.

아름다움에 집중하라

주위를 둘러보라.

지금 당신 곁에 좋은 사람이 하나도 없는가? 악의에 찬 얼굴로 틈만 나면 당신을 공격하려고 하는 사람들로 가득한가?

내게는 이런 상황에 처해 있다고 호소하며 상담이나 도움을 청하는 사람들이 꽤 많다. 왜 인간관계가 이 지경에 이르렀을까?

답은 바로 우리 자신에게 있다.

인간은 언제나 자신의 모습을 타인에게 투사한다. 자신의 마음속에 갖고 있는 것을 타인에게서 발견한다. 다시 말해 진짜 나쁜 사람들로 둘러싸여 있는 것이 아니라 적의에 찬 당신의 감정이 '타인은 언제나 나를 공격한다'는 환상을 만들어낸 것이다.

이를 극복하는 3가지 방법이 있다.

첫째, 자신과 화해해야 한다. 자기 자신을 좋아해야 타인도 좋아할 수 있다.

둘째, 지나치게 분석적인 태도로 타인을 대해서는 안 된다. 우리는 길가에 피어난 꽃이 가진 단점과 장점을 낱낱이 검토한 다음 그 꽃이 아름답다는 결론을 내리지는 않는다. 상대에게도 마찬가지다. 분석적인 태도는 꽃의 아름다움을 망가뜨린다.

셋째, '선善'과 '아름다움'에 집중한다. 우리는 지나치게 좋지 않은 면을 보며 살아간다. 지나치게 흠을 보고, 깎아내리고, 상대가 실패했을 때 쾌감을 느낀다. 실수와 단점에 집중함으로써 세상을 결함이 가득한 곳으로 만들어버린다. 뉴스를 켜보라. 미담은 실종된 지 오래됐고 온갖 우울한 잿빛 소식만 끊임없이 전해진다.

인류의 역사에는 다음과 같은 오래된 격언이 있다.

"타인에게서 무엇을 보느냐에 따라 당신의 존재가 결정된다. 빛을 보면 빛이 될 것이고, 어둠을 보면 어둠이 될 것이다."

어떤 무술의 대가가 나이가 들어 쇠약해지자 더 이상 누구와도 대결을 하지 않기로 결심했다. 그러던 어느 날 젊은 무사가 찾아와 도전장을 내밀었다. 연로한 대가는 그 도전에 아무런 반응도 보이지 않았다. 그러자 젊은 무사가 그를 자극하고 도발하려 했다. 젊은 무사는 나이든 대가의 조상들을 심하게 모욕하기까지 했다. 하지만 대가는 온갖 욕설과 조롱을 끈기 있게 참아냈고, 무반응에 지친 젊은 무사는 실망한 채 떠났다. 대가의 제자들은 스승이 왜 그런 모욕을 당하고도 꿈쩍도 하지 않았는지 도무지 이해할 수가 없었다. 그런 스승을 부끄럽게 여기기까지 했다.

스승이 물었다.

"누군가가 자네들에게 선물을 하려 하는데, 자네들이 그걸

받지 않으면, 선물은 누구의 것인가?"

제자들이 대답했다.

"물론 선물하려 했던 사람의 것이지요."

스승이 계속 말했다.

"질투와 분노, 증오도 마찬가지일세. 우리가 받아들이지 않으면, 그것들은 상대에게 계속 머물러 있을 수밖에 없지."

가장 좋은 관계는 서로 원하는 것을 서로에게 계속 내어주는 관계다. 상대가 전혀 그럴 의지가 없다면 그 사람과의 관계는 철회하는 편이 현명하다. 다만 너무 일찍 포기하기보다는 좀 더 인내심을 갖고 시도해보기를 바란다.

당신의 레몬이 아무리 값지고 가치 있는 것이라 할지라도 상대가 오렌지를 원하면 기꺼이 오렌지를 내어주어라. 그럴수록 당신의 레몬은 더욱 빛나는 열매가 될 것이다.

◆◆◆ 실천 연습 ◆◆◆

1. 다음과 같은 사항을 점검한다. 내 삶에서 가장 중요한 다섯 사람과의 '관계계좌' 상태는 어떠한가? 그들과의 '관계계좌'에 '입금'하기 위해 오늘 무엇을 할 수 있는가?

2. 오늘부터 '24개의 황금률'을 삶의 루틴으로 만들기 위해 노력한다. 24개의 황금률을 필사해 항상 지니고 다닐 것이다. 중요한 미팅과 대화를 앞두고 있을 때 필사본을 꺼내 정독하는 습관을 들일 것이다.

3. 현재 나와 관계를 맺고 있는 사람들에 대한 나의 생각과 입장을 기록해본다. 그 기록에서 편견이 발견되었는가? 너무 그들의 약점과 단점에만 집중하고 있지는 않은가? 편애와 차별, 소외가 발견된다면 그 이유는 무엇인가?

핑계에 걸려
넘어지지 마라

톰과 샘은 신생기업에 같은 시기에 입사해 외근직에서 근무했다.

활동적인 성격인 톰은 크고 작은 사건이 끊이지 않는 불운한 사람처럼 보였다. 낡은 차는 걸핏하면 시동이 걸리지 않았고, 자주 신분증을 분실했고, 집의 수도관이 터져 지하실이 물바다가 된 적도 있었다.

샘은 낙천적이고 느긋한 사람이었다. TV 드라마 시청을 좋아하고, 범죄수사물 시리즈의 본 방송을 놓치지 않으려고 미팅 일정을 줄이기까지 했다.

회사의 인사팀장은 몇 달 후 샘에게 해고를 통보했다. 샘은 이를 별다른 이의없이 받아들였다. 그런데 인사팀장은 톰에게도 해고를 통보했다.

톰은 격렬하게 항의했다.

"저를 샘 같은 게으름뱅이와 똑같이 취급하시다니요! 저는 정말 열심히 뛰어다닐 작정이었습니다. 업무에 지장을 초래한 사고들은 저로서는 어쩔 수 없었습니다. 그저 운이 나빴을 뿐입니다."

인사팀장이 답했다.

"게으른 사람도, 운이 나쁜 사람도 회사에는 도움이 되지 않습니다. 목표를 달성하지 못한 이유는 전혀 중요하지 않아요. 그 때문에 회사 전체가 위험해지고 전 직원의 생계가 흔들리는 것이 중요하죠. 핑계 없는 무덤은 하나도 없습니다."

성공하려면 에너지를 한데 모으고 한 가지에 집중해야 한다. 하지만 많은 사람들이 이런저런 방해 요인으로 주의가 쉽게 분산되어 가장 핵심적인 한 가지에 집중하지 못한다.

주위를 둘러보라.

지나치게 축구 경기에 열광하는 사람이 있지 않던가? 업무보다는 인터넷 서핑에 더 많은 시간을 할애하는 직장 동료가 있지 않던가? 집안 문제로 자주 지각을 하는 사람, 틈만 나면 회사 내의 온갖 소문을 물어다 나르고, 소문에 연루된 사람들을 험담하는 동료들도 어렵지 않게 찾아볼 수 있을 것이다. 심지어 날씨 때문에 일에 집중할 수 없다고 불평하는 사람도 있을 것이다. 대규모 계약을 따냈다고 해서 이른 오후에 퇴근을 하는 사람과, 계약에 실패해 실망한 나머지 일찍 퇴근을 하는 사람은 둘 다 인사팀장의 관찰 대상이 된다.

위너들은 말한다.

"주변 환경과 상황에 너무 민감하게 반응하는 사람, 관심이 지나치게 넓고 산만한 사람은 성공하기 힘들다. 일 잘하는 사람은 많은 업무를 하고 있지 않다. 가장 중요한 몇 가지 업무를 절대 놓치지 않고 있을 뿐이다."

성공하는 사람은 계속 성공한다

목표를 이루지 못하는 사람이 가장 잘하는 것이 있다. 핑곗거리를 만들어내는 데 천부적인 소질을 갖고 있다는 것이다. 핑계를 대는 데 가진 에너지를 대부분 소비하기에 성공에 쓸 에너지가 거의 남아 있지 않다.

그들은 다이어리를 고르는 데 몇날며칠을 보내지만 정작 기록은 몇 장을 넘기지 못한다. 정교하고 그럴듯한 계획을 짜지만 실행은 사흘을 못 넘긴다. 그들에게는 언제나 '극적인 핑곗거리'가 있다. 그래서 계속 실패하면서도 당당하다.

위너들은 말한다.

"눈보라 때문에 도로에 갇혀 출근을 못한 경우와 어젯밤 늦게까지 TV를 보다가 늦잠을 자서 출근을 못한 경우는 서로 다르지 않다. 결과는 동일하기 때문이다. 눈보라가 몰아쳐도 지각하는 사람보다 정시에 출근하는 사람이 훨씬 더 많다. 그들은 도로에 갇히지 않는 엄청난 행운을 누렸단 말인가? 그럴리 없다. 일기예보 등을 살펴 사전에 면밀히 출근에 대비했을 것이다. 핑계를 대고 변명을 하는 습관은 우리의 성공 확률을 극적으로 감소시킨다."

핑곗거리가 많은 사람은 쉽게 자기연민에 빠진다. 좋은 결과를 내지 못했을 때 그들은 자신을 위로할 그럴듯한 변명을 생각해내는 데 열을 올린다. 핑계와 변명이 근사한 사람을 경계하라. 그런 사람은 당신까지 핑계와 변명을 만드는 일에 골몰하게 만든다.

핑계와 변명에 길들여진 사람은 마땅히 책임져야 할 일을 다른 사람에게로 돌리고, 자신을 '희생자'로 둔갑시킨다. 이는 능동적인 행위자로서 자신의 삶을 선택할 힘을 포기하는 행태이며, 존중과 인정 대신 동정과 이해를 구하는 행태다.

잊지 마라, 당신에게는 언제나 선택권이 부여되어 있다. 목표를 이루지 못한 이유에 매달려 사는 삶, 그리고 목표를 이루는 삶 중 하나를 선택할 권리와 의무가 있다.

인생은 늘 자연법칙을 따른다. 우리가 삶에서 집중하는 부분은 자라나고 성장한다. 목표를 이루는 데 집중하면 목표 달성의 근육이 계속 강화된다. 핑곗거리에 집중하면 핑곗거리의 양이 무서운 속도로 팽창한다. 핑곗거리를 만드는 데 평생을 바치는 사람들이 생겨나는 이유가 여기에 있다.

위너들은 말한다.

"성공하는 사람은 계속해서 성공한다."

이제 이 말의 뜻이 무엇인지 우리는 명확하게 알 수 있다.

예기치 못한 상황에 대처하는 지혜

괴테는 이렇게 말했다.

"삶에서 항상 예상할 수 있는 것이 있다. 우리의 삶에 예기치 못한 상황이 다가오리라는 것이다."

핑계를 대지 않는 사람이 되려면 예기치 못한 상황에 대처하는 법을 배워야 한다. 매년 겨울마다 폭설과 눈보라를 겪는 지역에서 일한다면, 여름과 가을에 미리미리 스노 타이어를 준비하고 일기예보를 상시 점검하는 습관을 들여야 한다. 아침잠이 많은 사람이라면 일찍 잠자리에 들거나, 도저히 밤늦게까지 깨어 있지 못할 정도로 몸을 피곤하게 만들어야 한다. 땀 흘리는 운동이 효과 만점의 수면제일 것이다.

1년 내내 다이어리를 충실하게 사용하려면 평소에 메모하는 습관을 들여야 한다. 계획을 짜는 데 많은 에너지를 쓰는 사람이라면 계획 없이 여행을 떠나볼 줄도 알아야 한다. 인터넷 서핑이 업무에 방해가 되는 사람은 반드시 '해야 할 일'의 우선순위를 구체적으로 정해 사무실 컴퓨터 모니터에 붙여놓은 다음, 이를 실천하는 습관을 들여야 한다. 이처럼 핑곗거리를 만들지 않기 위해 노력하면, 결국 목표를 이루는 데 도움을 주는 좋은 습관들을 들일 수 있다.

위너들은 말한다.

"목표 달성이 목적인 계획을 짤 때는 목표를 이루는 데 필요한 것들과 함께 목표 달성에 방해가 되는 요인들도 계획에 반드시 포함시켜야 한다."

하루, 일주일, 한 달, 6개월, 12개월의 계획을 짜면서 특정한 시간을 방해요인을 해결하는 데 할애하면 당신의 목표 달성률은 몰라보게 좋아질 것이다.

정신없이 바쁠 때 누군가 문을 벌컥 열고 당신의 방에 들어온 적 있는가? 그래서 화를 낸 적 있는가? 하지만 곰곰이 생각해보라. 약속도 없이 들이닥쳤다고 해서 그 사람을 당신의 목표를 가로막는 '훼방꾼' 리스트에 올려야 할까? 예의 없이 찾아와 자기 이야기만 늘어놓는 사람은 분명 당신의 삶에서 제거해야 할 '방해 요인'이다. 하지만 당신의 어린 딸이 유치원에서 생긴 고민거리를 들고 찾아왔다면 이야기는 달라진다.

갑작스러운 딸아이의 방문 또한 당신의 시간을 소모시키는 '방해 요인'이다. 하지만 소중한 가족과 예기치 않은 장소에서 예기치 않은 시간을 보낼 수도 있는 상황을 미리 계획에 고려해 넣었다면, 이는 당신의 업무 스트레스를 줄여주는 휴식의 기회로 작용할 수 있다. 딸아이와 잠시 시간을 보낸 후 다시 업무로 복귀했을 때 집중력이 더 강화되었음을 느낄 수도 있다.

이처럼 방해 요인들을 잘 다루는 지혜를 습득하면 목표를 향한 접근에 긍정적인 탄력을 얻을 수 있다.

위너들은 방해 요인들을 핑곗거리로 만드는 유혹에 빠지지 않는다. 방해 요인들을 통해 자신의 목표를 더욱 강화시키고 실행에 더욱 집중하는 기회로 활용한다.

◆◆◆ 실천 연습 ◆◆◆

1. 오늘 나는 핑곗거리를 내세우지 않을 것이다. 핑곗거리는 나를 현실과 멀어지게 할 뿐이다. 나는 내 삶을 움직일 힘을 지닐 것이며, 상황에 이리저리 떠밀려 다니는 공이 되지 않을 것이다. 핑곗거리란 내 삶을 움직이고 선택할 권리를 타인에게 넘겨주는 것을 의미한다. 나는 내 에너지를 핑곗거리를 만드는 데에 허비하지 않고, 목표를 달성하는 데에 사용할 것이다.

2. 예기치 못한 방해 요인들이 언제든 찾아오리라는 것을 알기 때문에 오늘 나는 이를 위해 별도의 시간을 일정에 할당해둘 것이다. 이로써 내가 방해 요인들을 따라 움직이지 않고, 방해 요인들이 나를 따라 움직이도록 만들 것이다.

3. 어떤 방해 요인이 나타나면, 이를 나의 현재 상황을 점검할 기회로 활용할 것이다. 내게 주어진 시간을 최적으로 사용하고 있는지, 나 자신에게 물어볼 것이다.

마지막 날까지
하이퍼포머가 되어라

한 여인이 간디를 찾아와 간청했다.

"제 어린 아들이 설탕을 너무 많이 먹습니다. 당신처럼 유명한 분이 타일러주시면 제가 말하는 것보다 훨씬 설득력이 있을 것입니다."

간디가 말했다.

"석 달 후에 다시 아이와 함께 오세요. 그때 제가 아이에게 잘 말해주겠습니다."

그로부터 석 달 후 여인이 아이와 다시 간디를 찾아왔다.

간디가 아이에게 말했다.

"단 것을 먹고 싶어도 참아내면 분명 지금보다 키도 커지고 힘도 세질 거란다."

소년은 간디의 말을 듣자마자 즉시 그렇게 하겠다고 말하며 활짝 웃었다.

여인이 간디에게 물었다.

"석 달 전에도 이렇게 말씀해주셨으면, 유명한 분의 말이라 아이가 곧바로 따랐을 텐데요. 왜 석 달 후에 오라고 하셨는지 궁금합니다."

간디가 평온한 미소를 지으며 답했다.

"준비 기간이 필요했어요. 확신을 갖기 위해 석 달 동안 우선 나부터 설탕을 먹지 않았습니다. 그랬더니 몸이 몰라보게 좋아지더군요. 이런 과정을 거치고 나서야 당신의 아들에게도 나와 똑같은 시도를 해보라고 신뢰할 만한 권유를 할 수 있었습니다."

자신의 말을 실천하는 사람은, 설득력이 훨씬 커진다.

링컨은 이렇게 말했다.

"행동이 내는 목소리가 너무 커서, 그 사람의 말은 들리지 않는다."

당신의 말에 설득력이 부족한 경우라면, 당신은 다음의 4가지 함정 중 하나에 빠져 있을 수 있다.

첫 번째 함정: 생산하지 않고 관리만 한다

모든 비즈니스맨과 리더 들은 다음의 4단계 중 하나에 속해 있다.

생산 단계: 사업 초반에는 많은 이들이 말 그대로 매우 생산적이다. 대부분의 시간을 매출 활동에 쏟는다. 생산 단계에 있는 동안에는 돈을 벌어들인다. 누구나 직접 생산 활동을 하는 동안에만 미래의 목표에 관해 설득력 있게 말할 수 있다.

관리 단계: 업무가 혼자서 감당할 수준을 넘어서면 당신은 파트너와 직원을 구할 것이다. 그들에게 동기를 부여하고, 그들이 효율적으로 일하도록 돕는 데 많은 시간을 할애할 것이다. 이때부터 당신은 생산 단계를 넘어 관리 단계에 진입한다. 그런데 생산 단계를 이탈하는 것이 문제가 된다. 아무런 생산 활동도 하지 않으면서 생산 활동을 하는 사람들 앞에 서면 설득력이 떨어지는 경우가 엄청나게 많이 발생한다.

감독관 단계: 관리자의 감독관이 되는 과정은 다음과 같다. 직원들은 대부분 상사의 발자취를 따른다. 신입사원이 들어오면 '오래된 사람들'은 그들을 업무에 적응시키고 동기를 부여하는 것이 자신의 할 일이라 여긴다. 자신의 생산성도 잘 살펴가면서 신입들을 조언하고 감독하면 바람직하다. 하지만 이렇게 하는 사람은 매우 드물다. 대부분 관리자였던 사람은 신규 관리자를 감독하는 데 몰두하고, 생산자였던 사람은 신규 생

산자를 감독하는 데 몰두한다. 감독관은 많아지고 생산자는 줄어드는 기현상을 겪는 회사는 절대 성공할 수 없다.

감독관을 감독하는 감독관 단계: 신입사원들을 채용하고, 생산만 전담하던 사람들이 신입사원의 관리자가 된다. 관리자는 감독관이 되고, 감독관이었던 사람은 감독관의 감독관이 된다. 이들은 '매니지먼트management'라는 언덕의 정상에 도달했으며, 엄청나게 중요한 사람이 되었다. 이제 그들은 평가와 동기부여의 역할만 하면 된다. 왜냐하면 누군가는 감독관으로 하여금 관리자를 세심하게 살피도록 만들고, 관리자로 하여금 신입사원의 생산활동을 세심하게 살피도록 만들어야 하니까.

이러한 4단계를 거치는 것이 조직생활의 자연스러운 과정일까? 그렇지 않다. 이것은 함정일 뿐이다. 이유는 딱 한 가지다. 점점 중요한 리더가 될수록 신뢰는 '지위'가 아니라 '행동'에 의해 강화되기 때문이다.

다른 사람에게 불을 지피려면 먼저 자신이 불타올라야 한다. 신뢰받고 싶다면, 어떻게든 자신의 생산성을 계속 유지해야 한다.

두 번째 덫: '나 때는 말이야'

과거의 성공을 '관리'하는 것이 유일한 낙인 사람들이 많다. 과거의 성공은 과거의 경험일 뿐이다. '나 때는 말이야'로 대화를 시작하는 사람에게 우리는 말려들지 말아야 하고, 이런 말을 하는 사람도 되지 않도록 주의를 기울여야 한다.

어떤 직업을 가졌든 영향력 있는 사람이 되기 위해서는 주기적으로 생산적인 활동을 해야 한다. 얼마나 자주 생산적인 활동을 해야 하는지에 대해서는 직업마다 고유한 주기와 규칙성이 있다. 그 주기의 형태가 어떻든, 이를 준수해야 한다.

예를 들어 예술가는 2년에 한 번씩만 새로운 작품을 발표하더라도 충분할 수 있다. 외과의사도 1년 정도는 일을 쉴 수 있지만, 그러고 나면 다시 메스를 잡아야 한다. 대부분의 업계에서 영업사원의 활동주기는 상당히 짧다. 지난 몇 년 동안 대대적인 성공을 거두었더라도 몇 달 전부터 아무것도 판매하지 못한 영업사원은 비판과 의심에 찬 시선을 받게 마련이다. 성과 수당이 수입에 중요한 역할을 차지하는 세일즈맨은 가장 최근에 체결한 계약이 그의 성과를 평가하는 기준이 된다.

세 번째 덫: '내가 해냈어'와 '해낼 거야'를 섞어서 말한다

미래의 계획을 장황하게 설명하면서 마치 모든 것이 이미 실현된 것처럼 말하는 사람은 의심을 해보아야 한다. 어떤 이들은 마치 저글링을 하듯이 아직 구상에 불과한 일과 실제로 행한 소수의 일을 교묘하게 섞어 떠벌린다. 이를 통해 그들은 위너 행세를 하지만 실상은 허풍쟁이에 불과하다.

명예는 이미 이루어낸 업적을 토대로 하며, 존경은 현재 진행 중인 활동에 대한 것이다. 물론 훌륭한 리더들은 항상 비전가이기도 하다. 평범한 사람들은 현재의 일에만 집중하는 반면, 리더들은 미래에 올 일도 예견한다. 나아가 리더들은 자신의 열정을 타인들에게 전이시켜 그들을 목표 달성에 동참시킬 수 있어야 한다.

이를 위해서는 서로 마음이 통해야 한다. 말보다는 태도와 행동으로 상대에게 신뢰를 줄 수 있어야 한다. '이 프로젝트에 참여하는 태도를 볼 때 그는 분명 성공할 거야'라는 인상을 주어야 한다.

많은 사람이 프로젝트에 참여할 때는 초기에 그 성공이 가시화되어야 한다. 그것을 만들어내는 것은 오직 당신의 열정과 능력과 비전을 '행동'으로 보여줄 때다. '이번 프로젝트는 틀렸군. 시키니까 어쩔 수 없지, 일하는 시늉이나 하자'라고 생각하는 사람이 생기는 것은 오롯이 리더인 당신의 탓이다. 호언장담은 결코 행동을 이기지 못한다.

네 번째 덫: 본보기 역할을 하지 못하고 있다

만일 당신에게 훌륭한 비전이 있고, 이에 대해 소통할 능력이 있다면 함께할 인재들을 쉽게 찾을 것이다. 당신이 믿고 따를 만한 '롤모델'이라고 판단되는 순간, 인재들은 당신의 목표와 프로젝트에 열정을 다해 헌신할 것이다.

스스로에게 냉정하게 물어보라.

당신이라면, 당신을 흔쾌히 따르겠는가? 지난 석 달 동안 어떤 일을 했는가? 자기통제력과 업무진행 방식에 대해 되돌아보라. 인내심은 어느 정도인가? 목표를 얼마나 견실하게 이행해왔는가? 과거에 했던 약속들은 어떻게 되었는가?

주변 사람들로 하여금 좀 더 일하도록 독려하고자 한다면, 우선 자신이 더 많이 일해야 한다. 집 안에 편안하게 앉아서 사람들을 '원격조종'할 수는 없다. 생산 활동을 멈춘 사람은 결코 장기적인 성공을 거둘 수 없다.

깜작 놀랄 생산성을 발휘하라

성공하려면 무슨 일을 하든 뚜렷한 성과를 내야 한다. 큰 성과를 내면 당신의 지위가 분명 달라질 것이다. 하지만 지위의 변동에 상관없이 언제 어디서나 구체적인 결과를 달성할 수 있다는 사실을 당신은 거듭 증명해 보여야 한다.

당신이 팀장이라면 가끔은 팀원들과 동일한 방식으로 가시적인 결과를 보여주어야 한다. 이를 통해 팀원들에게 그들이 일하는 방식이 제대로 작동한다는 것을 보여주어라. 새로운 아이디어와 가시적인 성과를 통해 팀원들을 거듭 놀라게 만들어라. 그러면 사람들은 당신의 말을 신뢰하고 의욕적으로 당신을 따를 것이다.

당신의 본보기는 긍정적이든 부정적이든, 다른 사람들의 행동에 영향을 미친다. 만일 당신이 어떤 방해 요소로 인해 목표 달성에 지장을 받으면, 당신의 팀원들 또한 그럴 것이다. 만일 당신이 자기통제력을 발휘하고 결과지향적으로 일하면, 당신의 팀원들 또한 그럴 것이다. 만일 당신이 열정적으로 일한다면, 당신의 팀원들 또한 그럴 것이다. 팀원들에게 당신 자신을 실제보다 더 성실한 사람으로 보이도록 속일 수 있다고 절대로 착각하지 마라.

3일 법칙

인간의 의욕과 열정이 왜 그토록 빨리 사그라드는지 누구도 정확하게 설명하지 못한다. 하지만 다행히도 이를 막기 위해 무엇을 할 수 있는지는 안다. 처음의 열정을 유지하기 위한 간단한 '트릭'이 있는데, 이른바 '3일 법칙'이다.

이 법칙의 골자는 사흘마다 측정이 가능한 구체적인 결과를 냄으로써 열정을 유지하는 것이다. 이것저것 다양하게 벌이기보다는 최소한 부분적 성과가 나올 때까지 하나의 프로젝트에 집중해보는 것이다. 사흘 안에 아무런 결과도 나타나지 않으면 아마도 의욕이 완전히 사라질 것이다. 이럴 때는 다시 궤도에 접어들기 위해 거듭 노력을 기울여야 한다.

기차를 떠올려보라.

전속력으로 질주할 때 기차는 선로 위 어떤 방해물도 가차 없이 치워버릴 것이다. 사흘마다 성과를 하나씩 내면 일할 의욕이 계속 유지되면서 전력질주 구간을 만들어낼 에너지가 축적된다. 관리자와 감독관, CEO가 되어서도 이 3일 법칙을 활용하면 직원들은 당신의 긍정적인 에너지에 깊은 영향을 받게 되고, 이를 통해 당신은 탁월한 본보기가 된다.

나아가 직원들은 (적어도!) 사흘에 한 번 정도는 당신의 지원을 필요로 한다. 용기도 북돋워주고, 동기도 부여해주고, 직원들에게 그들이 혼자가 아니며 당신이 그들을 도와줄 거라는 메시지를 어떤 형태로든 전달해주어라.

적응 단계에 있는 신입사원은 사흘마다 가시적인 성과를 거두기가 힘들 수도 있다. 하지만 그럴수록 그들에게도 3일 간격의 규칙적인 격려와 지원이 필요하다. 이를 위한 다양한 방법이 있다.

예를 들어 일대일 미팅을 짧게라도 가질 수 있고, 샘플 파일을 만들어줄 수도 있다. 전화 통화를 통한 격려도 할 수 있고 책이나 동영상을 추천해줄 수도 있다. 3일 법칙을 효과적으로 전파하는 방법은 매우 다양하다.

누누이 강조하지만 당신이 먼저 스스로 '불타올라야' 한다. 마지막 날까지 당신 스스로 하이퍼포머가 되어야 직원들도 마지막 날까지 최고의 성과자가 된다. 직원들이 빨리 걷기를 원하는가? 그렇다면 당신이 더 빨리 걸어야 한다.

자신의 성과에 속지 마라

위너들은 말한다.

"절대 자신의 성과에 속지 마라."

이는 무슨 뜻일까?

이번 주에 당신이 노력한 결과는 다음 주가 되어야 비로소 드러난다. 이번 달에 노력한 결과는 다음 달이 되어야 결실을 맺는다. 올해 노력한 결과는 내년 상반기를 지나야 본격적으로 가시화될 것이다. 겨울에 노력한 결과는 여름이 되어야 나타날 것이다.

다시 말해, 오늘 나타난 당신의 성과는 오늘 당신이 하는 노력과 별 연관성이 없다는 것이다. 따라서 오늘 나타난 좋은 성과에 취하지도 말고, 오늘 나타난 저조한 성과에 좌절할 필요도 없다. 오늘 어떤 결과가 나타났든 간에, 당신이 해야 할 일은 한결같은 열정으로 씨를 뿌리는 것이다.

사람들은 성과가 아니라 행동으로 당신을 평가할 것이다. 당신이 부지런한 농부인지, 게으른 농부인지가 수확의 결과보다 더 사람들에게 깊은 영향을 미칠 수 있다는 사실을 잊지 마라. 그러면 당신은 마지막 날까지 하이퍼포머가 되어 강력한 설득력과 탁월한 리더십을 사람들에게 보여줄 것이고, 이를 통해 지혜로운 본보기가 될 것이다.

◆◆◆ 실천 연습 ◆◆◆

1. 나는 항상 생산적인 활동을 잊지 않기 위해 애쓸 것이다.

2. 3일 법칙에 입각해 구체적인 성과를 낼 수 있도록 계획을 세운다. 오늘부터 3일 법칙을 준수할 것이다.

3. 신입직원들을 위해 적어도 사흘에 한 번은 연락을 취하고, 어떤 형태로든 격려해줄 것이다. 그러면 그들은 나를 기꺼이 리더로 만들어줄 것이다.

4. 스스로에게 꾸준히 질문한다.
   '나라면 나 같은 사람을 상사로 두고 싶겠는가?'

소중한 것을 먼저 하라

한 남자가 의사를 찾아가 호소했다.

"요즘 너무 무기력하고 피로감이 극심합니다."

의사가 말했다.

"'병원에 가서 의사와 상담해야겠다'고 생각한 게 언제였습니까?"

그가 답했다.

"2년쯤 된 것 같습니다."

의사가 말을 이었다.

"업무가 너무 과중해서, 성과에 대한 압박 때문에 나타난 증상이 아니군요. 중요한 걸 자꾸 미뤄놓아서 병이 생긴 겁니다.

가서 우선순위를 다시 점검해보세요. 그게 당신에게 줄 수 있는 최고의 처방전입니다."

시급한 일과 중요한 일

위너들은 말한다.

"우리에게는 두 가지 유형이 일이 있다. 중요한 일과 시급한 일이다. 우리는 대부분 시급한 일에 치어 중요한 일을 계속 미루는 삶을 살고 있다. 하지만 이는 모순이다. 중요한 일보다 더 시급하게 처리해야 할 일이 무엇이란 말인가?"

우리는 시급한 일이 아니라 사소한 일을 먼저 처리하기 위해 애쓴다. 휴가를 떠나기 전 자동차 트렁크에 짐을 싣는다고 생각해보자.

수많은 작은 가방들을 큰 캐리어 몇 개에 차곡차곡 넣어 꽉 채운다. 그런 다음 낑낑대며 캐리어들을 간신히 자동차까지 끌고 와 트렁크 문을 여는 순간 깨닫게 된다. 트렁크에 캐리어들을 다 싣는 것이 불가능하다는 것을. 먼저 캐리어들을 트렁크에 실어놓은 다음 짐들을 채워넣었어야 한다는 것을.

이를 인생에 적용해보면, 우리는 삶에서 중요한 일들을 먼저 해야 가장 효율적으로 살 수 있다. 사소한 일을 시급한 일로 착각해 허둥지둥하는 삶을 살지 않게 된다.

'즉시'와 '조급함'의 차이

위너들은 말한다.

"급한 일을 먼저한다고 생각하지만, 사실 '급하다'는 표현에는 함정이 숨어 있다. 어떤 일들을 즉시 신속하게 처리하는 습관을 가진 사람에게는 사실 '급한 일'이 별로 없다. 우리가 허둥지둥하는 '급한 일'이란 엄밀히 말하면 자꾸만 뒤로 미루었다가 더 이상 미룰 수 없는 지경에 왔을 때 마지못해 하는 일일 것이다."

100퍼센트 옳은 지적이다.

호텔 객실 예약을 뒤로 미루어두었다가 뒤늦게 이를 알아차리고는 여행을 떠나기 전날 밤 부랴부랴 예약 전화를 돌린다고 해보자. 한 달 전쯤 미리 예약을 했더라면 더 저렴한 가격에 더 마음에 드는 객실을 쉽게 예약할 수 있었을 것이다.

결국 우리는 사소한 일을 먼저하느라 중요한 일을 미루어두고 있는 것이 아니다. 사소한 일과 중요한 일 모두를 '즉시 신속하게 처리하지 않기' 때문에 늘 조급함에 시달린다.

정글에서 사업을 하는 사람이 있었다. 그는 제품을 운송하기 위해 아프리카 사람들을 짐꾼으로 고용했다. 그는 짐꾼들에게 계속해서 좀 더 서둘러 움직이라고 재촉했다. 하지만 사흘째 되던 날 짐꾼들이 자리에 주저앉아 더 이상 꼼짝도 하지 않았다.

화가 난 사업가의 설명 요구를 받은 한 아프리카인이 말했다.

"우리는 너무 빨리 걸어왔습니다. 지금 우리의 몸은 여기에 있지만, 우리의 영혼이 뒤따라올 때까지 기다려야 합니다."

이 이야기는 우리에게 '중요한 일을 하는 지혜'를 알려준다. 중요한 일을 할 때는 즉시 신속하게 시작하되 절대 서둘러 진행하려고 해서는 안 된다. 즉시 시작하되 천천히 시간과 공을 들여 완성해 나가야 한다.

위너들은 말한다.

"인생에서 중요한 일을 먼저 하려면 사소한 일에 매달릴 것이 아니다. 하고 싶지 않고, 불편한 일을 먼저 하는 것이다."

하고 싶지 않지만 반드시 해야 하는 일들이 인생에는 존재한다. 이런 일을 뒤로 미루면 그 일은 더욱 하기 싫어지고 불편해진다. 그리고 그 일을 미뤄두면 둘수록 상황은 더욱 악화된다.

완벽주의

'최대한 신속하게 일을 처리하는 규칙'에는 또 하나의 중요한 측면이 있다. 일을 즉시 시작하는 것이 중요한 만큼, 일을 끝까지 완수하는 것 또한 중요하다. 그런데 지나친 완벽주의 성향 탓에 결정적인 순간 프로젝트 완수에 지장을 초래하는 사람이 많다. 완벽주의자들은 결과물의 마지막 3퍼센트를 다 듬는 데 너무 많은 시간을 쓴다.

프랑스의 화가 피에르 보나르Pierre Bonnard는 어느 날 붓과 작은 팔레트를 가지고 루브르 박물관에 가 자신의 작품 중 하나를 덧칠하기 시작했다. 곧바로 경비원들이 와서 그를 체포했다.

당황한 보나르가 소리쳤다.

"이것 보시오, 이 그림은 내 작품이오. 아직 완성이 덜 됐어요."

경비원이 답했다.

"그럴 리가 없소. 완성되지 않은 작품이 루브르 박물관에 전시되어 있을 리가 없단 말이오."

완벽주의의 함정은 실수에 대한 '두려움'이 그 배후에 깔려 있다는 것이다. 두려움 때문에 완성을 미룬 채 자꾸 수정을 가하면, 처음의 목적과는 전혀 다른 결과를 불러올 수도 있다.

세상은 완벽한 것을 원하지 않는다. 가치 있는 것을 원할 뿐이다. 이 책을 통해 누누이 강조하지만 실수 따위는 정말 아무것도 아니다. 인간은 실수를 통해 배우고 성장한다.

IBM의 창업자 톰 왓슨 시니어는 직원 한 명의 실수로 1,000만 달러의 손실을 회사가 입었을 때, 당연히 해고가 될 것이라고 생각한 직원이 사표를 가지고 왔을 때 그에게 이렇게 말했다.

"내가 당신을 해고한다고요? 당신을 교육하는 데 방금 1,000만 달러나 투자했는데요? 말도 안 되는 소리 하지 말아요."

완벽을 위해 머뭇거리지 마라. 경미한 실수와 흠이 발견된다 할지라도 프로젝트를 자신 있게 끝내라.

◆◆◆ 실천 연습 ◆◆◆

1. 아침이면 '내가 오늘 하기 싫은 일은 무엇인가?'라고 스스로에게 묻는다. 그리고 그 일들을 가장 먼저 처리한다. 그러면 나의 하루는 더 아름다워진다.

2. 그다음에는 '오늘 해야 할 일 중 가장 중요한 것은 무엇인가?'라고 묻는다. 그리고 그 일을 즉시 실행에 옮기고 느긋한 자세로 시간과 공을 들여 진행한다. 중요한 일을 포기하지 않고 있다는 느낌이 나의 하루를 더 충만하게 만든다.

3. 소중한 일을 하는 데 시간을 사용하려면, 내 삶에서 무엇을 바꿔야 하는가?

4. 무엇을 계획하든, 72시간 내에 적어도 첫 걸음을 뗀다. 그런 다음 '최대한 신속하게 처리하는 규칙'을 지킨다.

5. 어떤 일의 마지막 구간에 진입했을 때는 반드시 '완벽주의의 함정'에 걸려 있지는 않은지 점검한다. 일을 시작할 때와 마찬가지로 일을 끝낼 때도 용기가 필요하다는 사실을 잊지 않는다.

책임을 다해
자유를 얻어라

　　　　한 스승이 제자에게 도시에 가서 오렌지를 팔아오라고 시켰다. 저녁이 다 되어 돌아온 제자가 불평을 늘어놓았다.

"도시 사람들이 오렌지가 너무 비싸다고 투덜대더군요. 그래서 한 개도 못 팔았습니다."

스승이 말했다.

"자네는 오렌지만큼 영리하지도, 현명하지도 않군."

제자는 화가 나는 것을 꾹 눌러 참았다. 스승이 오렌지를 하나 손에 들고는 이렇게 물었다.

"이 오렌지를 힘껏 누르면 무엇이 나오겠는가?"

"당연히 오렌지즙이 흘러 나오겠죠."

"그렇지. 그렇다면 내가 망치로 오렌지를 내리치면 무엇이 나오겠는가?"

제자가 점점 불쾌한 목소리로 답했다.

"똑같죠. 오렌지즙이 나오겠죠."

스승이 계속 물었다.

"자네의 당나귀가 오렌지를 발로 밟으면 무엇이 나오겠는가?"

"오렌지즙이 나오지, 뭐가 나오겠습니까?"

스승이 빙그레 웃으며 답했다.

"어떤 일을 당하든 오렌지는 항상 자기 안에 있는 것으로 답을 한다네. 하지만 자네는 다른 사람들 탓을 하고 있군. 자네의 선택권을 그들에게 내어준 줄도 모르고 돌아와 불평만 하고 있구먼."

책임을 다할 때 자유가 폭발한다

독일어로 '책임'을 의미하는 단어인 'ver-antwort-ung'에는 '응답'이라는 단어인 'antwort'가 들어 있다. 책임을 감당한다는 것은 좋은 상황에도, 좋지 않은 상황에도 적절하게 응답한다는 것을 의미한다. 자신의 목표에 집중하고, 무엇에도 흔들리지 않고 자신의 길을 간다면, 자신의 상황에 적절하게 응답하고 있는 것이다.

책임을 다한다는 것은 어떤 일의 결과에 대해 무조건 그 모든 것을 떠맡으라는 뜻이 아니다. '자기 삶의 결정권을 행사하라'는 뜻이다. 좋지 않은 결과가 나올 것을 대비해 주도권과 결정권을 행사하지 않는 사람이 성공할 확률은 낙타가 바늘귀를 통과할 확률보다 낮다. 책임을 전가하는 사람은 자신의 삶을 통째로 타인의 손아귀에 넘기는 사람이다.

극작가 조지 버나드 쇼George Bernard Shaw는 이렇게 말했다.

"사람들은 자신이 갖고 있는 것에 대한 책임을 항상 어떤 상황에 전가한다. 나는 상황을 믿지 않는다. 세상을 앞서나가는 사람들은 앞으로 나아가는 동시에 자신이 원하는 상황을 찾아 나선다. 그리고 원하는 상황을 찾지 못하면, 스스로 원하는 상황을 만들어낸다."

20세기 최고의 심리학자로 평가받는 빅터 프랭클Viktor Frankl 은 오랫동안 집단수용소에 갇혀 있었다. 그의 가족들은 모두 차례로 처형당했다. 그 또한 모진 고문을 당하며 죽음 직전에까지 이른 적이 한두 번이 아니었다.

그때마다 그는 다음과 같은 사실을 깨달았다.

'나의 내면에 존재하는 소명과 생각 들은 나 자신 외에 누구도 좌우할 수 없다. 저들이 나를 고문하고 내 가족들을 처형할 수는 있지만 내 생각까지 그렇게 할 수는 없다. 내가 지금 이

상황을 어떻게 판단할지는 오롯이 내가 결정한다. 이런 극단적인 상황에서도 내 정체성과 성격을 유지할 수 있다면 이 세상에 두려울 건 없다. 인간의 마지막 자유는 주어진 상황에서 어떤 생각과 태도를 가질 것인지를 스스로 선택하는 것이다.'

사람들은 책임을 지는 순간 '속박된다'고 생각한다. 고된 일을 도맡아야 하고, 좋지 않은 결과에 예속되고, 나아가 삶의 질을 크게 훼손할 수 있다고 여긴다. 잘못된 생각이다. 빅터 프랭클이 말한 것처럼 책임을 다하는 것은 자유를 얻기 위해서다. 책임을 맡지 않는 태도를 보이는 사람은 노예의 삶을 사는 것과 다름없다. 책임을 맡지 않는 대가로 많은 중요한 것들을 타인에게 넘겨주고 만다.

위너들은 말한다.

"기회가 될 때마다 책임을 맡는 자리에 서라. 그러면 예전보다 훨씬 더 적극적인 태도를 자연스럽게 갖게 될 것이다. 좀 더 신중해지는 동시에 좀 더 과감해진다. 맨 앞에서 프로젝트를 이끌기 때문에 숨어 있던 리더십을 자연스럽게 꺼내들게 된다. 프로젝트 성공에 대한 보상도 더 커지기 때문에 창의력이 활성화되고, 협상력이 배가 되고, 한 번 성공한 경험이 계속해서 더 큰 성공 경험으로 폭발한다."

책임을 지는 태도와 엉뚱한 충동

책임을 회피하는 이유는 '변명' 때문이다. 책임을 맡으면 변명과 핑계를 대기가 곤란해지기 때문이다. 우리가 성공하려는 이유는, 그리고 계속 살아가는 이유는 '선택권' 때문이다. 내 삶을 내가 결정하는 자유를 얻기 위해서다.

자유를 포기하면 삶은 파괴된다. 타인과 외부 상황에 너무 많은 것을 넘겨주면 결과는 언제나 참담하다. 원하는 모습으로 살지 못하게 되고 결국 자기 파괴로 이어진다.

볼프강이라는 청년이 있었다. 그는 점심시간에 도시락을 꺼낼 때마다 불평했다.

"아, 진짜 끔찍해. 맨날 토마토에 치즈라니. 난 이 샌드위치가 정말 싫어."

계속되는 그의 불평을 참다 못한 동료가 말했다.

"토마토랑 치즈가 싫으면 아내에게 말해서 다른 걸 넣어달라고 해."

그러자 볼프강이 어이가 없다는 듯한 표정으로 말했다.

"맙소사, 나는 아직 미혼이야. 도시락도 내가 직접 만들어."

자신이 선택한 인생임에도 잔뜩 불평불만만 쌓고 있는 사람에게 어떤 기회가 있겠는가? 불평불만 외에 어떤 것도 쌓아가지 못하는 삶에서 무엇을 기대할 수 있겠는가? 성공하는 삶도, 불평불만 가득한 삶도, 선택에 따른 책임은 오직 당신의 몫이다.

세상 일에 대해 모르는 것이 없는 해박한 스승이 있었다. 이를 질투하던 두 제자가 어느 날 스승을 속여볼 궁리를 했다.

두 사람은 작은 새 한 마리를 등 뒤에 숨긴 채 스승에게 물었다.

"스승님, 저희 등 뒤에 있는 새가 죽었을까요, 살아 있을까요?"

두 사람은 스승이 "살아 있다"고 답하면 새의 목을 졸라 죽일 작정이었다. "죽었다"고 답하면 새를 풀어 하늘로 날려버릴 생각이었다.

스승이 가만히 두 사람을 바라보다가 대답했다.

"내가 무슨 말을 하든, 그 질문에 대한 답은 너희의 손 안에 들어 있구나."

삶의 선택권이 나 자신에게 있으면 새로운 삶을 찾아 떠나는 일에도 두려움을 느끼지 않는다. 책임을 다하는 사람은 내일 갑자기 비행기를 타고 여행을 떠나도 사람들이 이를 놓고 '즉흥적인 충동'이라고 부르지 않는다. 설령 누군가 그렇게 비아냥거린다고 해도 그 비난에 어떤 영향도 받지 않는다.

오래된 노래가 하나 있다. 노랫말 속의 한 사람은 담배를 사기 위해 주택가를 걷는다. 그러다가 갑자기 강렬한 충동에 사로잡힌다.

'만일 지금 즉흥적으로 미국으로 떠나면 어떨까?'

마침 여권도 가지고 있었고 돈도 충분했다. 미국 여행은 그가 평생 동안 꿈꾸어온 일이었다. 그는 한 번쯤 엉뚱한 충동에 몸을 맡기면 얼마나 멋이 있을지 마음속으로 그려본다. 그런 다음 그는 담배를 사서 집으로 돌아간다.

꿈을 실행할지의 여부는 오로지 자신에게 달려 있다. 지금 이 순간 시작한다면, 무엇이든 자신이 원하는 것을 행할 수 있다. 자신이 원하는 것을 행하는 것, 그것이 바로 인생에 책임을 다하는 태도다.

위너들은 말한다.

"가진 힘을 너무 오랫동안 사용하지 않으면, 곧 그 힘은 사라지고 만다."

내일 당장 미국으로 떠나는 것이 어떤 사람에게는 '책임을 다하는 태도'가 된다. 또 어떤 사람에게는 '엉뚱한 충동'이 된다.

당신은 어떤 유형의 사람이 되고 싶은가?

◆◆ 실천 연습 ◆◆

1. 오늘 나는 누구에게도, 어떤 상황에도 책임을 전가하지 않을 것이다. 책임을 전가하면 결정권도 넘겨주기 때문이다. 나는 내 삶의 주인이고 싶다.

2. 어떤 상황이 너무 힘겹게 느껴지면, 눈을 감고 위기에 강했던 인물을 한 명 떠올린다. 그리고 스스로에게 묻는다. '그 사람이라면 이 상황을 어떻게 판단하고 행동할까?'

3. 책임감의 긍정적인 측면을 의도적으로 떠올린다. 좋은 성과를 올렸을 때는 자부심과 기쁨을 한껏 느낀다. 이를 통해 자신감을 계속 적극적으로 구축해나간다.

4. 누군가가 오늘 내게 공격적으로 행동해오면, 그에게 상처를 주었거나 그를 화나게 한 적이 없는지 스스로에게 물어본다. 나의 기대감이 지나친 건 아닌지도 점검해본다.

감사하라

누구에게나 걱정은 존재한다. 위너라고 해서 예외가 아니다. 평범한 사람은 걱정하느라 의미 있는 행동을 하지 못하고, 위너는 의미 있는 행동을 하기 위해 걱정에게 먹이를 주어 키우지 않는다. 차이가 있다면 이것이 전부다.

감사할 일 5가지를 확보하라

걱정의 반대는 '용기'가 아니다. '감사'다. 단, 용기 있는 자만이 감사할 줄 안다. 용기 있는 자들은 감사할 일 5가지를 품고 다닌다. 그러면 걱정을 효과적으로 차단시킬 수 있다. 소박한 것들이어도 전혀 상관 없다. 걸을 수 있음에, 볼 수 있음에,

말할 수 있음에, 읽을 수 있음에 충분히 감사한다. 오래된 자동차, 안락한 집, 사랑을 주고받는 가족들에 대해서도 언제든 감사할 수 있다.

위너들은 말한다.

"정말 죽을 것 같은 일도 하루가 지나고, 이틀이 지나고, 사흘이 지나면 견딜 만해진다. 걱정도 마찬가지다. 태산처럼 덮쳐온 걱정도 시간이 흐를수록 한층 가벼워진다. 왜 그럴까? 두려움이 걱정의 크기와 힘을 한껏 부풀리기 때문이다. 다시 말해 걱정이 아니라 두려움이 커지는 걸 막아야 한다. '감사하는 태도'가 그 해법이다."

감사에 눈을 뜨면 삶은 말할 수 없이 풍요로워진다.

위너들의 10가지 조언

걱정이 찾아오면, 불안이 엄습하면 다음에 제시된 위너들의 10가지 조언을 차근차근 떠올려보라.

1. 과거에 크게 걱정했던 일들이 어떻게 되었는지 천천히 생각해보라. 기껏해야 5퍼센트 정도만이 당신 삶에 영향을 미쳤을 것이다. 일어나지 않은 일을 염려하지 말고 일어난 일에 대해 충분히 감사하라.

2. 지금 당장 감사해야 할 일 5가지를 종이에 적어보라. 생각

이 나지 않으면 쥐어짜내라. 처음에는 어려워도 갈수록 감사할 대상을 찾는 일이 쉬워질 것이다. 지금 가지고 있는 것들에 감사하라. 그러다 보면 정말 소중한 것들이 지금 곁에 있다는 생각에 삶이 충만해질 것이다. 이를 통해 삶이 조금씩 변화할 것이다.

3. 미리 괴로워할 필요는 없다. 하지만 미리 감사할 필요는 있다. 잊지 마라, 사람은 언제나 생각대로 살게 된다.

4. 감사하는 습관이 중요한 이유들 중 하나는 '확신'이 생기기 때문이다. 감사하는 대상의 응원에 힘입어 당신은 오늘도, 내일도 더 잘해낼 수 있다는 굳은 믿음을 갖게 될 것이다. 그리고 그런 하루하루가 모여 마침내 당신이 원하는 삶이 된다.

5. 긍정적인 사람을 찾아가라. 언제든 대화를 나누면 좋은 기운을 얻을 수 있는 사람을 확보하라. 신부님도 좋고 학교 은사님도 좋다. 지혜로운 사람이 가까이 있으면 걱정이 사라진다. 그리고 매일 그를 위해 감사의 기도를 하라.

6. 행동하라. 걱정에서 빨리 벗어나라. 무작정 밖으로 나와도 좋다. 신선한 공기 속을 산책하면 누구나 지혜로워진다.

7. 해낼 수 있을지 의심하지 마라. '어떻게 하면 해낼 수 있을까?'에 에너지를 집중하라. 그러면 늘 해법을 찾아낼 것이다.

8. 해피엔딩으로 끝나는 영화나 연극, 소설, 다큐멘터리들을

자주 접하라. 비록 그것이 허구일지라도 분명 당신은 위로 받고 새로운 힘을 얻을 것이다.

9. 영감을 주는 음악을 들어라. 그러면 빛이 어둠을 뒤덮어버리듯 음악이 걱정을 뒤덮어버릴 것이다.

10. 감사 일기를 반드시 써라. 성공 일기도 좋다. 이 두 가지 일기를 쓰다 보면 자신의 능력을 믿게 될 것이다. 아울러 자신이 좋은 사람이라는 것을 알게 될 것이다. 능력 있고 좋은 사람에게는 걱정이 찾아가지 않는다.

◆◆◆ 실천 연습 ◆◆◆

1. 걱정의 '습격'을 받는 즉시 걱정을 다루는 방법에 관한 위너들의 10가지 조언을 읽는다.

2. 감사하게 생각하는 것을 5가지 이상 종이에 적어본다. 만성적인 걱정이 자의적인 것이 아니라는 사실을 파악하고, 걱정을 어떻게 다룰지 결정한다. 내가 원할 때마다 나는 걱정을 감사함으로 뒤덮어버릴 수 있다.

3. 걱정에 대해 새로운 시각을 취한다. 걱정을 성공을 위한 유용한 추진력으로 인식한다. 약간의 걱정은 내가 발전하고 성장하고 있음을 알려주는 시그널이다. 새로운 걸음을 내딛기 전에 아무런 걱정이 느껴지지 않으면, 이는 그 걸음이 내게 한 사이즈 작다는 시그널이다.

4. 걱정을 지나치게 중시하지 않을 것이다. 걱정은 언제나 전체의 아주 작은 일부일 뿐이다.

나만의 재능으로
살아가라

잔뜩 휘어지고 굽은 자신의 모습이 너무 싫었던 나무가 있었다.

다른 나무들은 모두 그 나무보다 훨씬 크고 아름다웠다. 작은 나무는 자신도 다른 나무들처럼 멋진 모습으로, 바람이 불면 나무 꼭대기가 춤을 추듯 우아하게 살랑살랑 흔들리길 간절히 원했다. 하지만 작은 나무는 암벽에 가까스로 달라붙어 자라났다. 뿌리는 암벽의 틈 속에 자리 잡은 약간의 흙을 필사적으로 움켜잡고 있었다. 늘 얼음장처럼 차가운 바람이 나뭇가지 사이를 파고들어 왔다. 햇볕도 반나절 동안만 쬘 수 있었다. 정오가 되면 해가 산 중턱의 다른 나무들을 비추기 위해 암벽 뒤로 사라져버렸다. 그래서 작은 나무는 더 이상 자라지 못한 채 매 순간 자신의 운명과 실랑이를 벌였다.

어느 날 아침, 골짜기를 내려다보며 기분 좋게 첫 햇살을 머금었을 때 작은 나무는 문득 행복한 생각이 들었다. 생각해 보니 자신은 눈부시게 아름다운 경관을 볼 수 있었다. 다른 나무들보다 10배나 더 멀리까지 내려다볼 수 있었다. 머리 위의 암벽은 눈과 얼음으로부터 작은 나무를 보호해주었다. 휘어지고 굽은 줄기, 앙상하지만 힘 있는 가지들은 작은 나무가 자리 잡은 곳에 정확히 어울렸다. 산 중턱의 나무들도 그들에게 어울리는 자리에서, 그들만의 모습을 지니고 있었다. 하지만 거친 암벽에도 씩씩하게 뿌리 내릴 줄 안 그 작은 나무는 세상에 단 하나뿐인 유일무이한 존재였다. 그에게는 많은 강점들이 있었다.

자신의 재능으로 살아가라

왜 위너가 되어야 하는가?

내 삶의 주인으로 살아가기 위해서다. 내 삶의 주인이 되기 위해서는 재능과 노력이 필요하다. 다른 사람의 노력은 얼마든지 벤치마킹할 수 있다. 하지만 다른 사람이 가진 재능을 내 것으로 만드는 일은 가능하지 않다. 설령 그것이 가능하다 할지라도, 타인의 재능으로는 내 삶에 의미 있는 결과를 만들어내지 못한다.

천상의 목소리를 어느 날 갑자기 얻었다고 해서 지금까지의 삶과는 전혀 다른 오페라 가수로 성공할 수 있을까? 숫자를 다루는 능력이 출중해졌다고 해서 갑자기 수학자로 성공 가도를 달릴 수 있을까? 하루아침에 빛나는 웅변 실력을 얻었다고 해서 정치가나 변호사로 삶의 방향을 바꿀 수 있을까?

그럴 수 없다. 사람에게는 저마다의 자리가 있다. 그리고 그 자리 위에서 위너가 되고 성공을 거둘 때 우리는 진정한 삶의 가치와 자유를 얻는다.

위너들은 말한다.

"학교 다닐 때 공부를 더 잘했다면 의사나 판사, 외교관이 될 수 있었을 것이라고 생각하는 사람이 많다. 의사나 외교관은 공부를 잘하는 재능만으로 얻을 수 있는 성취가 아니다. 날 때부터 의사나 외교관이 되고자 하는 갈망이 남달랐던 사람이 결국 그 직업들을 얻는다."

당신에게는 당신에게 가장 잘 어울릴 일이 있다. 그것을 찾아내는 데 필요한 것은 세상의 기준이 아니라 당신만의 기준이다. 위너는, 자신의 재능으로 자신의 삶을 살아가는 사람이다.

가진 것으로 무엇을 만들어낼 것인가

삶이 당신에게 무엇을 나누어 주었든, 그것은 이미 결정된 것이다. 그것은 결코 바꿀 수 없다. 물론 어떤 사람은 평균적인 사람들보다 더 많은 재능을 갖고 있다. 그렇다고 그것이 공정한지 의문을 제기할 필요는 없다. 재능이 많다는 것은 그만큼 대가를 치러야 할 일도 많다는 뜻이다. 재능보다 중요한 것은 그 재능을 갖고 '무엇을 이루어내느냐'다.

운이 좋아서 처음 포커 대회에 나가 괜찮은 성적을 거두는 사람이 있다. 하지만 최종적으로는 항상 포커를 가장 잘 아는 최고의 플레이어가 승자가 된다.

위너들은 말한다.

"한두 번의 시도로, 한두 번의 평가로 자신의 재능을 폄하하지 마라. 영어회화 수업 시간에 '외국어를 배우는 데 소질이 없다'는 평가를 받았다고 해보자. 그런데 그 학생이 우연한 기회에 미국에서 몇 년을 살게 되었다고 해보자. 그 당시 영어회화 수업에 참여했던 학생들 중 가장 뛰어난 회화 실력을 갖게 되었을 것이다. 이처럼 타인의 얕은 평가, 겨우 몇 번의 도전으로 자신의 재능을 판단하면, 큰 시행착오를 겪게 된다."

인내심이 언제나 재능을 이긴다

중요한 관건은 자기 자신에 대한 믿음이다. 지금은 잘 드러나지 않고 있지만 언젠가는 자신의 재능과 잠재력이 폭발할 것이라고 믿으며 인내심을 발휘하면 위너가 될 가능성이 높다.

수학에 재능이 있는 사람이 있고, 운동에 소질을 보이는 사람이 있다. 글을 잘 쓰는 사람이 있고 논쟁을 잘하는 사람이 있다. 당신은 이 가운데 어떤 것도 잘하는 게 없는가?

그렇다면 생각을 바꿔보라.

재능은 눈에 보이지 않는 가치일 수도 있다. 당신은 누구보다 인내심이 강할 수도 있다. 그러면 당신에게 인내심은 큰 재능이 된다. 언제나 솔직하다면, 그 솔직함이 결국 당신의 삶을 반짝반짝 빛나게 하는 좋은 재능이 되어줄 것이다. 이렇게 사고방식과 프레임을 바꾸면 분명 당신에게도 많은 재능이 있다는 것을 알게 될 것이다.

위너들은 말한다.

"재능이 없다면 재능을 만들어내면 된다. 잘하는 것에 '재능'이라는 이름을 붙여주면 된다. 그렇게 남들은 생각지도 못한 재능을 만들고 찾아내는 사람이 남들은 생각지도 못한 성공을 얻는다."

노력하고 감사하고 집중하면서 자신의 재능이 꽃을 피워내기를 기다릴 줄 아는 사람이 언제나 이긴다. 타인의 것을 질투하지 마라. 그것을 가로채려고도 하지 마라.

인내심을 갖고 기다리면 타인의 10가지 재능이 당신의 한 가지 재능을 따르는 날이 올 것이다.

◈◈◈ 실천 연습 ◈◈◈

1. 성공은 재능에 달려 있는 것이 아니라, 주어진 재능을 어떻게 사용하느냐에 달려 있다는 사실을 자각한다. 나의 운명에 대해 불평하지 않는다.

2. 나를 기꺼이 격려해줄 사람들과 함께할 시간을 의도적으로 확보함으로써 나만의 강점을 키우는 데에 집중한다.

3. 내 삶의 전반적인 상황을 살펴보고, 무엇을 변화시킬 수 있는지 생각해본다. 그러고 나서 구체적인 계획을 마련한다. 실행할 수 있는 부분은 미루지 않고 즉시 실행한다.

4. 변화시킬 수 없는 부분은 겸손하게 받아들인다. 오늘 비가 오더라도 미소를 짓는다. 왜냐하면 내가 미소를 짓지 않더라도 비가 올 테니까.

5. 내가 시기나 질투를 하는지 점검해본다. 시기심과 질투심은 내쫓을 수가 없다. 하지만 나의 유일무이함과 잠재력에 집중함으로써 이 감정들을 뒤덮어버릴 수는 있다.
   오늘 다음과 같은 질문에 대한 답을 적어본다.
   '내가 유일무이하다고 생각하는 이유는 무엇인가?'

내어주고, 용서하라

어느 현명한 여인이 여러 해 전부터 산 속에서 혼자 살고 있었다. 어느 날 아침 여인은 시냇가의 자갈들 속에서 매우 값진 보석을 발견했다. 잠시 후 여인은 허기진 나그네와 마주쳤다. 여인이 빵을 꺼내주려고 배낭을 열었을 때, 나그네의 시선이 보석에 머물렀다. 지금까지 이처럼 멋진 보석을 본 적이 없던 나그네는 시선을 돌릴 수가 없었다. 그 순간 여인은 나그네에게 보석을 선물하겠다고 마음먹었다.

허기를 채운 나그네는 행복한 얼굴로 다시 길을 떠났다. 보석을 내다 팔면 평생 일하지 않아도 될 만큼 많은 돈을 얻을 수 있을 터였다. 하지만 며칠 후 나그네는 산 속으로 여인을 다시 찾아왔다. 그녀에게 보석을 돌려주면서 그는 이렇게 말했다.

"그간 많은 생각을 했습니다. 저는 이 보석이 얼마나 값진 것인지 압니다. 하지만 이 보석을 돌려드리고, 허락하신다면 이보다 훨씬 더 소중한 것을 받고 싶습니다. 제게 이 보석을 선물해주신 당신의 소중한 마음을 본받고 싶습니다."

모든 에너지는 흘러가야 한다

'여유 있는' 삶을 사는 것이 많은 사람들의 목표다. 그렇다면 '여유 있다'는 표현의 진정한 의미는 무엇일까? 이는 모든 것을 움켜쥐고 있는 것이 아니라, 그 일부를 타인에게 기꺼이 보낼 줄 안다는 것을 뜻한다.

지구상에 정지해 있는 것은 없다.

인간의 몸, 세상, 그리고 우주에서는 역동적이고 지속적인 교환이 이루어진다. 이 순환이 중단되면 삶이 불가능해진다. 삶은 흐름이다. 끊임없이 무언가가 우리에게 흘러 들어오고, 끊임없이 무언가가 흘러나간다. 이처럼 '주고, 받는 것'이 우리 삶의 핵심적인 시스템이다. 주는 것과 받는 것은 하나이며, 동일한 행위다. 주고, 받는 것이 우주 안에서 이루어지는 기본적인 에너지의 흐름이기 때문이다.

삶은 에너지가 흐르는 동안에만 존재할 수 있다. 흐름을 중

단시키는 사람은 자연의 법칙을 침해한다. 더 많이 줄수록 더 많은 활력을 얻는다.

모든 관계 또한 주고받기의 연속이다. 여기에서도 에너지의 순환을 최고 수준으로 유지하는 것이 중요하다. 더 많이 베풀수록 더 많이 돌려받는다. 주고, 받는 행동이 더 많이 일어날수록 관계는 풍요로워진다.

기쁨을 얻고자 한다면 먼저 상대에게 기쁨을 주어야 한다. 사랑을 받기 원한다면, 먼저 사랑을 주는 법을 배워야 한다. 관심을 받기 원한다면, 먼저 관심을 주면 된다. 물질적인 여유를 달성하고자 하면, 남들이 부자가 되는 것을 도우면 된다.

축복하라

삶의 선한 요소들로 축복을 받고자 한다면, 조용히 타인을 축복하는 법을 배워라. 타인을 축복하는 것은 지금은 많은 부분이 사라지고 없지만 고대의 풍속이다. 고대 사회에서는 여행자들을 축복했고, 음식을 축복했다. 가족들과 친구들을 축복했다. 아버지와 어머니의 축복은 많은 문화권에서 유산보다 더 중요했다.

타인을 축복한다는 생각은 구시대적이라는 인상을 주고, 영적인 느낌을 불러일으킨다. 하지만 우주의 모든 흐름이 에너지로 이루어져 있다면, 축복하고 소망하고 기원하는 행위도 일종의 에너지다. 간절히 소망하면 이루어질 확률이 높다. 당신이 마주치는 모든 이에게 최고의 것을 기원해주어라. 그들에게 조용히 기쁨과 행복, 풍요와 건강을 기원해주어라. 그들에게 더 많은 기쁜 날들이 찾아오기를 기도해주어라.

그러면 마침내 깨닫게 된다. 당신이 긍정적인 에너지를 전파하면서 선한 영향력을 세상에 선물하고 있다는 사실을. 바로 그 순간, 당신은 세상에서 가장 가치 있는 것들을 돌려받기 시작한다.

용서하라

독일어로 '용서하기'라는 단어인 'ver-geben'에는 '내어주기'를 의미하는 'geben'이 포함되어 있다. '용서하기'는 '내어주기'의 고차원적 기술이다. 용서하기는 정신적 · 영적으로 높은 수준으로 발전해가기 위한 열쇠다. 남을 계속 미워하고 원망하는 것보다 우리의 에너지 흐름을 더 저해하는 요소는 없다.

부정적인 감정들은 행복감과 마음의 평안을 앗아가며 심신질환을 유발하는 주된 원인이다. 나아가 부정적인 감정들은 인간에게 구체적으로 악영향을 끼친다. 부정적인 감정들은 무엇보다도 자신을 겨냥하고, 몸을 병들게 만들고, 생명을 단축시킨다.

용서한다는 일이 항상 쉽지는 않을 것이다. 하지만 원망과

증오라는 감정에 휘둘리는 것보다는 자신의 삶을 멋지게 살아내는 것이 더 중요하지 않을까? 우리는 모두를 용서해야 한다. 우리 자신을, 부모님을, 배우자를, 그리고 모든 사람을.

먼저 마음으로 용서하라. 특히 당신에게 상처를 준 사람들을 축복하고 그들에게 행운을 빌어주어라. 당신에게 상처를 준 행위가 떠오를 때마다 마음으로 용서하라. 그러면 머지않아 상처가 당신에게 행사했던 영향력이 사라지는 체험을 하게 될 것이다. 상처를 준 사람과 통화를 하거나 직접 만나 이야기할 수도 있다. 하지만 논쟁은 피하라. 그리고 상대가 자신을 정당화할 틈도 허용하지 마라. 그냥 당신이 상대를 용서한다는 것만 전하라.

많은 위너들이 '용서하기'의 방법으로 '편지 쓰기'를 추천한다.

"이메일로도 충분하다. 편지를 쓸 때 우리는 더 차분해진다. 이 차분함이 곧 상대를 용서하는 데 도움이 된다. 편지를 쓰다 보면 종종 상대에게 사과를 해야 할 일이 있다는 사실도 깨닫게 된다. 즉 편지 쓰기의 과정을 통해 우리는 용서를 주고받는 에너지의 선한 흐름을 경험한다. 그리고 이 흐름이 우리를 치유한다."

위너들은 타인에게 뭔가를 내어주는 지혜를 실행에 옮긴다. 동시에 용서하기를 실천한다. 이를 통해 삶의 격이 높아지고,

더 친절해지고, 더 공감을 잘하고, 더 큰 성공을 거두는 사람
이 된다.

내어주고, 용서하라.

원하는 행복과 평화가 찾아올 것이다.

◆◆◆ 실천 연습 ◆◆◆

1. 오늘 내가 만나거나 통화하거나 떠올리는 모든 사람을 축복하고, 그
   들의 행복과 성공, 건강과 기쁨을 기원할 것이다. 그들에게 긍정적인
   에너지를 보내줄 것이다.

2. 오늘 나를 방문하는 모든 사람에게 선물을 줄 것이다. 어떤 물건이나
   선의가 담긴 기원, 신중한 칭찬이나 좋은 아이디어를 선물해줄 것이
   다. 이 선물들은 그들이 하는 모든 일이 잘되기를 바라는 나의 진심을
   전달해줄 것이다. '내어주기'를 실천하고 보여줄 것이다.

3. 오늘 나는 '용서'를 선물할 것이다. 누구보다도 나 자신에게 이 선물
   을 줄 것이다. 그리고 내가 원망하는 상대가 누군지 생각해보고, 그
   사람을 마음으로 용서한다. 그런 다음 그 사람에게 전화를 걸거나 손
   편지를 쓴다. 오늘 나는 누구에게도 부정적인 감정을 품지 않을 것이
   다. 이로써 나 자신을 자유롭게 해방시킬 것이다.

돈, 차갑고
현명하게 다루어라

어느 날 가난한 농부가 자신이 키우는 거위 둥지에서 황금빛 알을 발견했다. 농부는 누군가 장난을 치는 게 아닌가 하는 생각이 들면서도 혹시나 하는 마음으로 황금알을 들고 금세공사를 찾아갔다. 그 결과 황금알이 정말로 순금이라는 사실이 확인되었다.

농부는 그 알을 큰돈을 받고 팔았다. 그날 저녁 농부는 큰 잔치를 벌였다. 동이 틀 무렵 농부의 식구들은 자리에서 일어나 거위가 황금알을 또 낳았는지 확인하러 가보았다. 정말로 거위의 둥지에는 새로운 황금알이 다시 한 개 놓여 있었다. 이 같은 일은 며칠 동안 계속되었다.

농부는 처음에는 자신에게 찾아온 행운에 감사의 기도를 올렸다. 하지만 거위가 황금알을 계속 낳는다는 사실을 알게 된 순간 점점 욕심에 눈이 멀기 시작했다. 하루에 한 개로는 성에 차지 않았다.

그는 거위의 뱃속에 황금이 가득할 것이라고 생각하고는 거위의 배를 갈랐다. 하지만 뱃속에는 모양을 갖추어가기 시작한 작은 알 하나가 희미하게 들어 있을 뿐이었다.

이 이야기의 교훈은 무엇인가?

당신의 거위를 절대 죽이지 말라는 것이다.

사람들이 부자가 되지 못하는 결정적 이유는 황금알을 낳는 거위를 죽이기 때문이다. 이 이야기 속의 거위는 우리의 자본을 의미한다. 그리고 황금알은 이자를 뜻한다. 대부분의 사람들은 자신의 돈을 전부 써버린다. 심지어 벌어들이는 돈보다 더 많은 돈을 쓴 나머지 빚을 진다. 이렇게 해서는 결코 거위를 키울 수 없다. 이는 황금알을 낳기도 전에 거위를 죽이는 행위다.

입증된 진리를 따르라

물질적 풍요를 구축하기 위한 기본원칙들은 간단하다. 벌어들이는 돈보다 덜 쓰면 된다. 우리는 생존을 위한 필수적인 자금 외의 돈을 소비재를 구입하는 데에 쓸 수도 있고, 저축을 해 거위를 키울 수도 있다.

돈이 생기면 선택은 둘 중 하나다. 지출 아니면 투자다. 그렇다면 7년 후에 결산을 한다고 가정해보자. 7년 후 당신의 재정상황은 과연 어떤 모습일까? 거위를 몇 마리나 키우고 있는가? 거위가 생기는 족족 배를 갈랐는가?

고정자산을 구축했는가? 아니면 당장 내다팔아도 사는 데 하등 지장 없는 물건들을 구입하는 데 다 써버렸는가?

두 개의 계좌를 만들어라

위너들은 말한다.

"당신에게 돈을 지불하는 시스템을 마련하라."

빵을 살 때에는 제빵사에게 돈을 지불한다. 과일을 살 때에는 과일장수에게 돈을 지불한다. 그렇다면 우리 자신에게는 언제 돈을 지불할까? 바로 저축을 할 때다. 저축의 습관을 들이고 싶다면 다음의 간단한 시스템을 구축하라.

이른바 '거위계좌'를 개설하라. 당신의 소득 중 최소 10퍼센트를 이 계좌로 자동 이체하라. 이 돈에는 절대로 손대지 마라. 한 달, 두 달, 석 달 정도 손을 대지 않으면 당신은 자동 이체 사실을 까맣게 잊게 될 것이다. 그리고 오랜 시간이 흐른 후 몰라보게 성장한 거위들을 불현듯 발견하고는 깜짝 놀랄 것이다.

'즐거움 계좌'도 하나 개설하라. 이 계좌로도 정해진 비율의 돈, 예컨대 소득의 5~10퍼센트를 자동 이체하라. 이 돈은 일말의 죄책감도 느끼지 말고 지출하라.

이 두 계좌를 만드는 것이 위너들의 공통된 저축 습관이다. 이 두 계좌를 만드는 데 성공하면 현재에도 즐겁게 살면서 미래에도 투자하게 된다.

위너들은 말한다.

"연봉이 인상되면, 인상분의 50퍼센트를 거위계좌에 송금하라. 항상 그렇게 하라. 그러다 보면 '절반의 연봉 인상'에 익숙해진다. 프리랜서나 자영업자라면 '회사 계좌'와 '개인 계좌'를 엄격하게 구분해야 한다. 매출을 일으켜 입금된 회삿돈과 개인돈을 섞어서 쓰면 돈에 대해 무감각해진다."

이 같은 '계좌 모델'을 만들면 당신의 재정을 합리적으로 계획할 기회를 얻게 된다. 좀 더 쉽고 효과적으로 저축을 실행할 수 있다. 다시 한번 강조하지만 절대로, 절대로, 절대로, 무슨 일이 있어도 일정한 금액을 이체시켜 놓은 계좌에는 손을 대지 않아야 한다. 가장 좋은 태도는 저축성 계좌에 든 돈이 당신의 것이 아니라, 당신이 키우는 거위의 것이라고 생각하는 것이다. 계좌에 손을 대고 싶은 유혹이 느껴지면, 앞에서 소개한 우화 속 어리석은 농부를 떠올리도록 하라.

위너들은 말한다.

"아무리 많이 버는 사람도 모으는 사람을 이기지 못한다."

돈은 중요하다

돈이 전부는 아니다. 하지만 살다 보면 돈 때문에 피눈물을 흘려야 할 때가 분명히 생긴다. 돈 걱정 때문에 중요한 일들을 포기하는 안타까운 상황도 생긴다. 돈은 많은 기회를 제공해준다. 만일 당신에게 지금 500만 달러가 생긴다면 삶이 어떻게 달라질지 생각해보라. 혁명과도 같은 변화가 인생에 나타날 것이다.

삶에는 5가지 중요한 영역, 즉 건강, 인간관계, 재정상태, 감정상태, 그리고 직업(삶의 의미)이 있다. 각 영역이 모두 중요하다. 이 중 한 영역에서 발전이 있으면, 자동적으로 다른 영역에 그 영향이 미친다. 예컨대 재정 문제에서 자유로워지면 삶 전체의 수준이 한 차원 높아진다. 훨씬 많은 기회들이 주어진다.

우리의 현명한 행동들은 우리를 기쁘게 하고 우리를 돕기 위해 평생 동안 우리와 동행해준다. 마찬가지로 우리의 어리석은 행동들은 우리를 괴롭히기 위해 우리를 쫓아다닌다. 결정권은 우리에게 있다. 돈은 다른 모든 것과 마찬가지로 우리를 편하게 할 수도, 힘들게 할 수도 있다.

똑똑한 사람들 중에서도 자신의 재정상태를 제대로 관리해본 적이 없는 사람이 의외로 많다. 돈을 많이 버는 직업을 가졌음에도 재정상태가 엉망인 사람도 많다.

누구나 '돈'과 관련된 지능과 학습을 획기적으로 발전시켜야 한다. 돈이 삶의 난관이 되어서는 안 된다.

돈은 긍정적인 힘이 되어야 한다. 그리고 돈은, 돈을 제대로 관리할 능력이 있는 사람에게 찾아온다.

1. 오늘부터 나는 세후소득의 최소 10퍼센트를 저축할 것이다. 왜냐하면 나는 내가 현재 가지고 있는 돈만이 나를 부자로 만들어준다는 사실을 알기 때문이다.

2. 오늘부터 통장을 그 목적에 맞게 쪼개는 지혜를 발휘할 것이다.

3. 오늘부터 나는 절약을 할 것이다. 돈을 지출할 때마다 정말로 이 지출이 필요한지 스스로에게 묻는 습관을 들일 것이다.

4. 소득의 5퍼센트는 기부하는 습관을 들일 것이다. 선한 부자들은 모두 탁월한 기부자들이기 때문이다.

자신에게
시간을 선물하라

대나무를 키우려면 믿음을 갖고 오랫동안 정성을 기울여야 한다. 대나무를 재배하는 농부는 '지하경'이라 불리는 뿌리처럼 자라는 줄기를 땅 속에 심은 뒤 표면을 짚으로 덮어주고 새순이 돋아나기를 기다린다.

농부는 아직 눈에 보이지 않는 새순에 매일 아침 물을 준다. 그런 다음 잡초를 뽑아내고 바닥의 흙을 부드럽게 만들어준다. 이렇게 4년을 매일 아침 물을 주어야 한다. 자신의 정성이 보상을 받을 수 있을지 어쩔지 모르는 채 4년 동안 날마다 가꾸어주어야 한다. 4년의 세월이 끝나갈 무렵 드디어 새순이 땅의 표면을 뚫고 나온다. 그러고 나면 90일 만에 20미터까지

쑥쑥 자라나 울창한 숲을 이룬다.

직장인들은 대체로 더 나은 직장으로의 '이직'을 꿈꾼다. 어디를 가든, 지금 있는 곳보다는 나을 것이라는 생각이 들면 현재 몸담고 있는 일터의 모든 환경이 짜증나기 시작한다. 숨이 막히는 것 같고, 상사의 작은 지적에도 분노의 불길이 솟구치고, 연봉은 언제나 쥐꼬리 만한 것 같다. 의미 있는 성장과 배움은 고사하고, 한 마디로 죽지 못해 다닌다. 이직을 하면 자신의 가치와 진가를 인정받을 수 있을 것 같고, 뭔가 새롭게 시작할 수 있을 것 같다.

하지만 위너들은 말한다.

"가치를 인정받는 사람들은 이직을 고려하지 않아도, 늘 영입 제안을 받는다. 즉 정말 당신이 가치가 있는 인재라면 당신 자신보다도 세상이 그 사실을 더 빨리 알아챈다. 한 가지 냉정한 사실을 알려줄까? 지금 다니고 있는 직장에 출근해 하루 종일 '이직'할 궁리만 하고 있는 사람을 환영할 새로운 직장은 없다. 회사의 인사채용 담당자들은 이력서에 수없이 직장을 옮긴 기록이 담긴 지원자를 좋아하지 않는다. 한 직장에서 오랫동안 근무한 성실한 인재를 선호한다."

당연하다. 기업이라는 조직은 본질적으로 '장기 근무자'를 선호한다. 이직을 밥 먹듯 한 사람을 뽑으면, 그는 또 1년도 되지 않아 다른 곳으로 옮기고 싶어 좀이 쑤시지 않겠는가. 이직이 습관인 사람은 떠날 때마다 환영받을 뿐이다.

5분 후도 중요하고 5년 후도 중요하다

고층건물이 들어설 건축 현장을 지켜보는 것은 매우 흥미롭다. 가림막이 설치되고 한참 동안은 아무 일도 행해지지 않는 것처럼 보인다. 현장 직원들만 분주하게 오가고, 간간히 거대한 건축 장비의 소음만 들릴 뿐이다.

그러다가 어느 날 아침, 마치 하룻밤 사이에 만들어지기라도 한 것처럼 웅장한 골조물이 갑자기 우뚝 솟아 있다. 곧이어 골조물이 유리와 돌로 된 단단한 벽들로 변한다. 순식간에 지붕이 올라가고 정원이 완성된다. 텅 비어 있던 땅에 거대한 건물이 눈 깜짝할 사이에 세워진 느낌이다.

성공도 마찬가지다. 먼저 토대를 다지고, 기둥을 세우고, 벽을 세우고, 창문을 내야 한다. 구경꾼들 생각에는 이 모든 것이 하룻밤에 이루어진 것처럼 보이지만 절대 그렇지 않다. 소중하고 탄탄한 것들은 짧은 시간 안에 완성되지 않는다. 하룻밤 만에 부자가 된 사람이 있다면, 아마도 그는 그날까지 몇 년을 치열하게 달려온 사람일 것이다.

끈기와 인내심이 없으면 어떤 직장에서도 가치를 인정받지 못한 채 계속 이직만 하다가 무대 뒤로 사라진다. 위대한 성과들은 단숨에 이루어지지 않는다.

위너들은 말한다.

"성공하고 싶다면, 당신 자신에게 그것을 만들어낼 시간을 주어라."

위너들은 대부분 '5년 일기'를 쓴다. 새로운 도전의 결실을 얻기 위해 자기 자신에게 긴 시간을 선물한다. 물론 5분 후의 삶을 위한 단기 계획도 있어야 한다. 하지만 대나무를 키우는 농부처럼 자신을 정성껏 가꾸는 데 충분한 시간을 들이는 인내와 기다림에 바탕한 장기 프로젝트도 동시에 진행되어야 한다.

우리는 자신에게 가혹할 때가 많다. 목표를 이루지 못해서, 슬럼프에 빠져서, 좋은 사람들을 곁에 두지 못해서, 배움과 성장이 더뎌서, 당장 큰 돈이 없어서 깊은 자괴감에 빠진다.

'도대체 너는 지금까지 해놓은 게 뭐니! 너한테 일말의 가능성이라도 있기는 한 거니…'

자괴감은 실망과 조급함을 만들어내고, 조급함은 패배로 가는 지름길이다. 자신을 믿고 기다려줄 절대적인 시간이 필요하다.

당신 자신에게 그 시간을 선물하라.

아기가 걸음마를 뗄 때까지 천천히 지켜봐주고 기다려주면, 아기는 거짓말처럼 어느 날 아침 온 집 안을 뛰어다닌다.

성공을 위한 추진력과 속도는 모두 이렇게 만들어진다.

◆◆◆ 실천 연습 ◆◆◆

1. 나는 토대가 탄탄하게 구축되지 않으면 어떤 건물도 세울 수 없다는 사실을 안다. 따라서 흔들림없는 밑바탕이 만들어질 때까지 인내심의 달인이 될 것이다.

2. 5년 일기를 쓸 것이다. 천천히 돌을 쌓으면서 아름다운 건축물을 만들어내는 설계 과정을 느긋하게 만끽할 것이다.

3. 작은 이익보다는 담대한 성공을 목표로 삼는다. 영입 제안을 받는 인재가 되기 위해 10퍼센트 더 하는 사람이 될 것이다.

4. 나에게 의미 있는 시간을 선물할 것이다. 그리고 그 시간 동안 나를 사랑하는 법을 배울 것이다.

롤모델을 찾아내라

어느 유명 셰프의 파스타 요리를 당신도 만들어보고 싶다면?

그렇다, 그 레시피를 얻으면 된다. 아마도 그 셰프는 레시피 개발을 위해 많은 시간을 할애했겠지만 당신은 그럴 필요가 없다. 레시피대로 몇 번 연습하면 유명 셰프만큼은 아니더라도 일정한 성과는 얻을 것이다.

그래서 우리는 성공의 레시피를 제공해줄 인물들이 필요하다. 그런 인물들과 가깝게 교류하면 할수록 당신은 성공에 누구보다 빨리 접근할 수 있다. 내가 원하는 성공을 이미 경험한 사람에게서 얻는 노하우와 조언만큼 효과적인 배움은 없다.

우리는 모든 것을 저장한다

고대 그리스의 부모들은 자녀들이 하루에 몇 시간 정도 수업받는 것으로는 만족하지 않았다. 그들은 자녀들이 여러 해 동안 멘토와 함께 생활하는 환경을 조성했다. 일상을 멘토와 함께 체험하는 것이 더 좋은 '학교'라고 확신했다. 이 같은 교육철학 위에서 그리스는 인류 문화사에 거대한 발자취를 남겼다.

당신의 삶에 가장 강력한 영향을 미치는 것은 당신 주변의 사람들이다. 과장이 아니라 사실이다. 뇌과학 전문가들에 따르면, 인간은 주변에서 일어나는 일을 낱낱이 뇌에 저장한다고 한다. 인간의 눈은 성능 좋은 카메라이고, 귀는 고성능 이어폰보다 더 정교하다. 이 뛰어난 장비들을 가지고 주변에서 일어나는 모든 퍼포먼스를 촬영·저장한다.

이러한 프로세스는 대부분 무의식적으로 이루어진다. 장점은 이 프로세스가 최고의 학습법이라는 것이다. 수업을 아무리 받아도 영어회화가 늘지 않았던 사람이 6개월 동안 미국에 다녀온 후 회화 실력이 엄청나게 좋아진 경우가 여기에 속한다. 교과서를 통한 학습은 삶의 기본기를 만들고, '모방'을 통한 무의식적 학습법은 삶의 의미 있는 확장을 만들어낸다.

위너들은 말한다.

"롤모델을 찾아내라."

아이들은 어른보다 무엇이든 더 빨리, 더 쉽게 습득한다. 모방에 뛰어나기 때문이다. 인간의 사고방식과 감정에 결정적인 영향을 미치는 것은, 출생지가 아니라 자라나고 성장하는 환경이다. 당신의 아이 곁에 뛰어난 사람이 많으면 많을수록 당신의 아이도 뛰어난 사람이 될 확률이 매우 높다.

물론 당신도 마찬가지다.

잘하는 사람에게서 배워라

당신이 촬영하고 저장한 것들은 당신의 인생이라는 화면에 나타날 것이다. 인생에서 주변 사람들은 언제나 석공이고, 당신은 대리석 덩어리다. 모두들 자신의 취향대로 당신을 빚기 위해 줄질을 하고, 망치질을 한다. 그렇게 야기된 변화는 좀처럼 되돌리기 힘들다. 그래서 사람들은 누군가를 만날 때마다 변화한다. 모든 만남은 서로에게 영향을 준다.

바로 여기에 기회가 숨겨져 있다.

지금까지와는 다른 결과를 얻고자 한다면, 지금까지와는 다른 삶을 살고자 한다면 롤모델과 접촉하고 교류하는 것이 가장 좋은 방법이 될 수 있다. 롤모델이라고 해서 반드시 거창한 인물일 필요는 없다.

기존의 주변 사람들 중에서 벤치마킹하고 싶은 장점과 강점을 가진 사람이 있다면, 그와 더 많은 시간을 함께할 방법을 찾는다. 성실함이 최고의 무기인 사람에게서 성실함을 배우고, 일기를 탁월하게 쓰는 사람에게서 기록하는 법을 배운다. 요리를 잘하는 사람에게서 요리를 배우고, 운전을 안전하게 하는 사람에게서 방어운전을 배운다. 그들의 '지식'을 배우라는 것이 아니다. 그들의 '태도'를 배우라는 것이다.

잘하는 사람에게서 배우면 잘하지 않을 도리가 없다.

선택권은 당신에게 있다

사람은 일정한 나이가 되기 전에는 주변 환경을 스스로 선택할 수 없다. 일정한 나이가 되기까지는 긍정적이든 부정적이든 주변 환경에 내맡겨진 '제물'인 셈이다.

어른이 되면 당신의 주변은 크게 두 개의 그룹으로 나뉜다. 한 그룹은 당신을 필요로 하고, 다른 한 그룹은 당신을 꼭 필요로 하지는 않는다. 당연히 당신은 첫 번째 그룹을 성심껏 도울 의무와 책임이 있다. 그 의무와 책임을 다하는 과정에서 좋은 변화와 성장을 경험할 수 있다. 반면에 당신을 꼭 필요로 하지는 않는 그룹은 당신의 삶에 그다지 도움이 되지 않는다. 이 두 개의 그룹 중 어느 그룹과 더 시간을 보낼지는 당신의 선택에 달려 있다. 당신의 눈과 귀가 어떤 사람들을 더 촬영하고 저장하는지를 잘 생각하면 스스로 좋은 답을 찾아낼 수 있다.

이처럼 선택권이 자기 자신에게 있음에도, 이 사실을 인지

조차 하지 못하는 사람들이 너무나 많다. 그들은 언제나 사람에게서 상처받는다. 그들에게 사람은 성공이 아니라 패배의 동행자일 뿐이다.

대인관계에서는 적극적인 태도와 단호한 결단이 요구된다. 친분이 있다는 이유만으로, 오랫동안 이웃으로 지냈다는 이유로 당신을 필요로 하지 않는 그룹에 몸을 깊이 담아서는 안 된다. 당신을 필요로 하는 그룹에 더 시간과 정성을 들임으로써 계속 이 그룹을 확장시켜 나갈 줄 알아야 한다.

'너는 너무 사람을 좋아해.'

'너는 정말 친구가 많구나.'

이런 말을 듣고 있다면, 절대 칭찬이 아니다. 당신의 대인관계에 정리가 필요하다는 강력한 시그널이다.

성공에는 선택과 집중이 반드시 필요하다.

당신의 집중력을 방해하는 사람들을 떠나라.

당신의 집중력을 끌어올리는 사람들을 만나라.

◆◆◆ 실천 연습 ◆◆◆

1. 오늘 나는 내가 원하는 것을 먼저 손에 넣은 사람과 대화를 나눌 것이다.

2. 긍정적인 '프로그래밍'을 꾸준히 반복할 것이다. 들어보지 않았던 팟캐스트, 오디오북, 동영상을 시청하며 뇌에 새로운 자극을 저장할 것이다.

3. 나의 롤모델이 유명인이라면 그의 SNS를 주기적으로 방문하는 좋은 서포터가 될 것이다. 이를 통해 롤모델과 온라인으로 의미 있는 대화를 주고받는 관계가 되고자 노력할 것이다.

4. 매일 한 번씩 질문할 것이다. '나를 필요로 하는 사람들은 누구인가? 그들에게 어떤 도움을 줄 것인가?'

5. 종종 냉정하게 질문할 것이다. '나는 타인에게 어떤 영향을 미치는가? 롤모델인가, 아니면 반면교사의 모델인가?'

불만은 훌륭한 연료다

나이가 많은 추장이 낯선 여행자에게 화산 폭발로 바다에 가라앉고 만 자신의 고향에 대한 이야기를 들려주었다.

"남태평양의 섬에서 살던 우리 부족은 일곱 개의 마을로 이루어져 있었습니다. 마을마다 한 명의 추장이 자기 마을의 특별한 비밀을 간직했지요. 전체 부족이 온전히 행복하기 위해서는 7가지의 비밀이 모두 지켜져야 했어요. 그래서 일곱 마을이 함께 평화롭게 지냈답니다. 화산이 폭발했을 때, 추장들은 각자 마을 주민들을 커다란 배에 태워 안전한 곳으로 대피시켰습니다. 하지만 사방에 퍼진 연기와 화산재 때문에 일곱

척의 배는 서로를 시야에서 그만 놓쳐버렸죠. 모두들 뿔뿔이 흩어졌고, 우리 부족은 그후로 서로를 만나지 못했어요."

여행자가 깜짝 놀라 물었다.

"다른 마을 사람들을 찾으려고 시도해보지도 않았나요?"

추장이 대답했다.

"물론 해보았습니다. 바닷길로 사람들을 여러 차례 보내봤지만, 다시 돌아온 사람은 아무도 없었습니다."

여행자가 물었다.

"어떻게 그럴 수가 있을까요? 추장님의 부족 사람들은 모두 훌륭한 뱃사람들이지 않습니까?"

잠시 생각에 잠겼던 추장이 다시 입을 열었다.

"그렇습니다. 나도 그들이 조난 사고로 목숨을 잃었다고 생각하지 않습니다. 우리 고향의 파도는 잔잔하기로 유명했거든요. 아마도 그들은 자신의 임무를 잊을 만큼 멋진 곳을 발견했을 겁니다. 그리고 그곳에 머물렀을 겁니다. 만족감에 굴복한 것이죠."

큰 성공을 거둔 사람들에게는 공통점이 하나 있다. 그들은 모두 삶의 일정한 부분에 '불만'을 품고 있었다. '만족할 줄 모르는' 태도가 그들을 움직이는 원동력이 되었다.

감사와 만족은 다르다

불만이라는 개념은 우리에게 부정적으로 다가온다. 어릴 적부터 우리는 다음과 같은 말을 들어왔다.

'네가 가진 것에 감사하고 만족할 줄 알아야 한다.'

하지만 감사와 만족은 완전히 다른 개념이다. 당연히 우리는 우리가 가진 것에 대해 감사해야 한다. 음식에 대해, 주변 사람들에 대해, 사랑을 주고받는 것에 대해 감사해야 한다. 감사는 걱정을 몰아낸다. 감사는 행복에 이르는 중요한 열쇠다. 감사하는 사람은 불행할 수가 없다.

반면에 만족을 추구하는 삶은 자주 위험해진다. 살아있는 것은 모두 성장하며, 성장을 멈추면 죽고 만다. 현재에 만족하는 사람은 성장을 멈춘 사람이다. 물론 가치 없는 것들에 대한 탐욕은 경계해야 한다. 하지만 인생의 소중한 가치와 꿈, 목표를 향해 전진하고 있을 때는 만족을 몰라야 한다.

따라서 '가진 것에 감사하고 만족할 줄 알아야 한다'는 말은 '가진 것에 감사하면서 현실에 안주하지 말아야 한다'는 말로 바뀌어야 한다.

식당에서 아무것도 주문하지 않으면 아무런 음식도 제공받지 못한다. 삶에서도 마찬가지다. 간절히 원하는 것이 있으면 '강력한 주문'을 넣어야 한다. '여기까지 온 것만으로도 만족해'라고 생각하며 적당한 선에서 멈추면, 한계를 뛰어넘을 때 찾아오는 기적 같은 성공을 경험할 수 없다. 여기까지 온 것에 대해 만족할 것이 아니라, 여기까지 온 것에 대해 감사하라. 그러면 선을 넘는 데 필요한 용기가 찾아올 것이다.

불만은 자유에 도달하는 열쇠다

불만은 성공을 향해가는 여정에서 훌륭한 연료가 되어준다. 불만은 열정을 뜨겁게 타오르게 한다. 불만은 인간의 유전자 코드의 일부다. 끊임없이 불만을 품는 사람은 지속적으로 자기를 계발하고 새로운 성취감과 목표를 갈망한다.

성공한 미국 CEO들은 다음의 말을 즐겨 들려준다.

"자유로워지려면 늘 배가 고파야 한다Stay hungry to be free."

불만은 자유에 도달하는 열쇠다. 불만을 품고 있는 사람은 자신이 절대로 '어느 한 곳에 정착'하지 않으리라는 것을 안다. 그에게는 길 그 자체가 목표다. 자신이 걸어가는 길을 즐기고, 모든 순간을 온전히 맛보고, 그 순간에 대한 감사 또한 잊지 않는다.

위너들은 말한다.

"모든 사람은 '충족'이 최종 목적지인 기차를 타고 있다. 정거장에 도착할 때마다 우리는 잠시 내려서 휴식을 취할 수 있다. 하지만 곧 다시 기차를 올라타야 한다. 최종 목적지까지 도착하지 않으면 불만 속에서 인생을 마쳐야 하기 때문이다."

분명 불만은 성공으로 가는 열차의 훌륭한 연료다. 하지만 불만을 계속 불만으로 남겨두어서는 안 된다. 불만을 품는 것은 어떻게든 그 불만을 해결하기 위해서임을 간과해서는 안 된다. 불만이 많은 사람으로 영원히 남아서는 안 된다.

불만이 가득한 사람을 만나라

성공에 필요한 인재를 얻고 싶다면 현재에 만족하지 못하는 사람들을 유심히 살펴라. 현재에 만족하는 사람들과 함께 일하고자 애쓸 필요는 없다. 만족할 줄 아는 사람의 마음은 움직이기가 정말 어렵다.

현재에 만족하는 사람은 '적당히'라는 태도를 달고 산다. 그들은 안전한 곳에 머문다. 회의를 할 때도, 지적을 받을 때도, 중요한 프로젝트에 참여했을 때도 언제나 입을 다물고 있다. 늘 중립적인 태도를 취한다. 받은 만큼만 일한다. 일한 만큼 받을 생각이 크게 없다.

불만이 많은 사람은 적극적인 문제 해결의 태도를 보여준다. 승부를 볼 줄 알고, 실패를 순순하게 받아들이지 않는다. 독기를 품고 다음 기회를 노린다.

현재에 만족하는 사람이 잘못 살고 있다는 의미는 절대 아니다. 다만 이런 사람에겐 성공이 그저 액세서리일 뿐이라는 것이다. 있으면 좋고, 없어도 괜찮은 가치다. 무엇보다 현재에 안주하는 사람들은 대부분 냉소적인 태도를 나타낸다. 냉소만큼 성공에 치명적인 위험 요소도 없다.

성공은 절박한 사람이 그것을 얻을 때 빛을 발한다.

절박한 사람은 절대 기차에서 내리지 않는다. 최종 목적지까지 기어코 도착하는 데 성공하는 사람은 언제나 자신의 불만을 해결하는 데 그 누구보다 절박한 사람이다.

◆◆◆ 실천 연습 ◆◆◆

1. 나는 불만을 긍정적으로 평가한다. 불만은 내면에 존재하는 삶의 중요한 원동력이기 때문이다. 따라서 나는 오늘 반드시 해결해야 할 불만 3가지를 종이에 기록한다.

2. 나는 불만에 관한 나의 정의를 타인에게 주입하고자 애쓰지 않을 것이다. 내 불만 해결을 위해 타인을 선동하지도 않을 것이다. 각자에게는 각자의 방식이 있음을 인정할 것이다. 그렇다고 해서 나의 불만을 부끄럽게 여기지도 않을 것이다.

3. 나는 언젠가는 독립해 내 사업을 할 것이다. 그래서 오늘부터 다른 사람들의 마음 속에 '함께 일하고 싶은 사람'으로 각인되기 위해 노력할 것이다. 나와 불만의 정의가 같은 사람들을 찾아내 그들과 좋은 기회를 모색할 것이다.

독수리가 되어라

　　　　　　오리와 독수리는 모두 새다. 하지만 실제로 이 둘은 근본적으로 다른 존재다.

　독수리와 오리는 모두 하늘을 날 수 있다. 독수리가 하늘 높이 원을 그리며 나는 반면 오리는 물가에만 머문다.

　독수리는 조용히 비상한다. 반면에 오리는 언제나 꽥꽥거린다. 하루 종일 꽥꽥거리며 운다. 아침에 깨어날 때도, 배가 고플 때도, 기분이 나빠도, 먹이를 빼앗겨도 꽥꽥거린다.

　성과는 없고 꽥꽥거리기만 한다.

　좋지 못한 삶이다.

오리들의 특징

오리의 특징을 지닌 사람들이 어떤 행동을 하는지 살펴보자.

당신이 호텔의 조식 마감시간보다 15분 늦게 라운지에 들어갔다고 가정해보자. 만일 '오리'가 당신을 응대한다면 이렇게 말할 것이다.

"죄송하지만 너무 늦게 오셨습니다. 밖에 걸려 있는 안내문을 못 보셨나요? 조식은 오전 열 시까지만 가능합니다. 꽥, 꽥, 꽥…"

반면에 '독수리'는 이렇게 제안할 것이다.

"죄송하게도 조식 뷔페는 이미 마감되었습니다만, 간단하게 드실 만한 것을 주방에서 마련해드려도 될까요? 혹시 원하시는 메뉴가 있으신지요?"

건축자재 시장에 가본 적 있는가? 광활한 매장에 판매직원은 단 한 명뿐이다. 그는 거의 항상 다른 고객들을 응대하느라 당신이 들어왔는지도 모른다.

이때 당신이 공손하게 대화에 끼어들면 어떤 일이 일어날까?

"저기, 죄송합니다만 밤색 페인트는 어디에 있나요?"

그러면 '오리'는 이렇게 대답할 것이다.

"차례를 기다려주세요. 꽥, 꽥, 꽥."

몇 달 전 나는 미국 애틀란타에 있는 호텔에 체크인을 하려고 했다. 이미 예약을 해놓은 상태였고, 컨펌도 받았다. 그런

데 호텔에 도착해 보니 객실이 만실이라는 것이다.

리셉션 직원은 이렇게 말했다.

"원래 호텔은 오버부킹을 합니다. 안타깝지만 예약만으로는 투숙을 보장받기가 어렵습니다."

화가 난 나는 내 권리를 계속 주장했다. 하지만 그녀는 같은 답만 되풀이했다.

"호텔이 만실이라는 건, 손님이 묵을 방이 없다는 뜻입니다. 죄송하지만 제가 방을 만들어낼 수는 없잖습니까. 꽥, 꽥, 꽥."

"책임자를 만나게 해주세요."

"다른 직원을 만난다고 해도 결과는 달라지지 않을 겁니다, 손님."

나는 고개를 가로저었다.

"다른 직원이 아니라 독수리를 만나게 해달라고요."

"독수리요?"

"어떤 해결방법도 없다고 미리 단정하지 않는 사람 말입니다. 이봐요, 나는 지금 독일에서 이 호텔 예약만 믿고 날아왔단 말입니다."

그리고 과연 독수리가 나타났다. 호텔 지배인이 나와 내게 고개를 숙였다.

"호텔이 정말 만실입니다. 하지만 손님의 예약과 관련해서 생각해보니, 저희 호텔 예약 시스템에 분명 문제가 있는 것 같습니다. 용서하십시오. 최대한 빨리 조치를 취해드리겠습니다. 손님께서 묵으실 만한 다른 호텔에 전화해 스위트룸을 잡아드리겠습니다. 물론 객실 업그레이드 비용은 무료입니다. 제가 호텔을 알아보는 동안 저희 레스토랑에서 저녁 식사를 대접해드려도 될까요?"

오리와 독수리의 차이

- 오리들은 말한다. "난 그걸 감당할 여력이 없어." 독수리들은 말한다. "어떻게 하면 그걸 감당할 여력이 생길까?"

- 오리들은 비관론자이고, 독수리들은 낙관론자다.

- 오리들은 부정적인 결과를 서로에게 보고하고, 심지어 이를 위한 모임도 연다. 독수리들은 주로 긍정적인 일에 대해 대화를 나눈다.

- 오리들은 꼭 필요한 일만 하며, 이조차 안 할 때도 많다. 독수리들은 의무적으로 가야 하는 거리보다 더 멀리까지 간다. 독수리들은 남들이 기대하는 것보다 더 많이 일한다.

- 오리들은 천천히 일한다. 그들의 모토는 '나는 도망치고 있는 중이 아니라 일하는 중이니 서두를 필요가 없어'다. 독수리들은 모든 일을 최대한 빨리 처리한다.

- 오리들은 자신이 모든 것을 잘 알고 있다고 여기며, 일을 하지 않을 핑곗거리를 찾아다닌다. 독수리들은 모르는 것을

배울 준비가 언제든 되어 있으며, 배울 기회가 생기면 쏜살같이 낚아챈다.

- 오리들은 문제를 만들어내고, 독수리들은 해법을 만들어낸다.

- 오리들은 리스크를 최대한 피한다. 독수리들은 리스크를 감수하고 용감하게 행동한다.

- 오리들은 한결같이 9시부터 6시까지 일한다. 독수리들은 필요하다면 6시부터 9시까지 일한다.

- 오리들은 '위기'에서 위험에 주목하고 독수리들은 기회에 주목한다.

- 오리들은 험담을 즐기고 독수리들은 칭찬과 침묵을 즐긴다.

- 오리들은 결정을 내리는 데 오랜 시간이 걸리지만 그 결정을 단숨에 뒤집는다. 독수리들은 신속하게 결정하고, 그 결정을 자신의 가치관과 직관으로 지지해나간다.

- 오리들은 절대 억울하고 분했던 일을 잊지 않는다. 독수리들은 용서한다.

- 오리들은 먹이를 주는 사람을 기다리고, 독수리들은 직접 사냥한다.

- 오리들은 사소한 일에 흥분함으로써 자신이 살아있다고 느낀다. 독수리들은 웬만한 일에는 눈 하나 깜짝하지 않는다.

- 오리들의 눈에 세상은 작은 언덕으로 이루어져 있다. 독수

리들은 눈에 보이지 않는 까마득한 정상까지 올라간다.

• 오리들은 상황을 저주하고, 독수리들은 상황을 변화시킨다.

당신은 어떤 문양을 갖고 있는가?

독수리가 새끼들을 교육하는 모습을 관찰해본 적 있는가?

어미 독수리는 가장 먼저 둥지를 푹신하게 만들어주었던 부드러운 깃털들을 떼어내 둥지 밖으로 던져버린다. 이어서 잔가지들을 하나씩 둥지에서 빼낸다. 이제 새끼 독수리들은 딱딱한 큰 가지 위에 불편하게 웅크리고 있다. 얼마 가지 않아 새끼 독수리들은 둥지에 있기를 불편해하며, 자연스럽게 첫 날갯짓을 시도한다. 겁에 질린 새끼가 날갯짓을 망설이면, 어미가 새끼를 둥지 밖으로 단호하게 밀어낸다. 새끼가 나는 법을 완전히 배울 때까지 어미는 계속 둥지 밖으로 밀어낸다.

독수리 곁에 있는 사람들은 성장할 수밖에 없다. 독수리들은 정체된 상태와 게으름을 용납하지 않는다. 나아가 독수리들은 주변 사람들이 잠재력을 발휘할 수 있게 독려한다. 따라서 독수리들은 인플루언서와 리더의 역할을 한다. 독수리들은 언제나 긍정적인 변화를 갈망한다.

바로 이 같은 사실 때문에 독수리는 존경받는 많은 가문의 상징적인 문양이 되었다. 독수리 문양을 바라볼 때마다 사람들은 에너지와 도전정신, 용기를 얻는다.

당신의 삶을 상징하는 문양에는 어떤 동물이 새겨져 있는가?

오리인가, 독수리인가?

◆◆◆ 실천 연습 ◆◆◆

1. 이 책을 첫 장부터 매일 꾸준히 다시 읽는다.

2. 다음의 질문을 주기적으로 떠올린다. '내가 가진 최고의 습관은 무엇인가?'

3. '함께 가야 멀리 간다'는 말을 오늘부터 마음에 새긴다. 누구와 함께 갈지 생각해보고, 그를 힘껏 돕는 태도를 보여준다.

4. '이 책에서 소개한 30가지 습관 중 완성한 것은 무엇인가?'라는 질문에 대한 답을 규칙적으로 기록한다. 성장에 가장 탁월한 연료는 '기록'이라는 사실을 알고 있다.

5. '나만의 서른한 번째 습관'을 찾아내기 위해 노력한다.

옮긴이 박성원

이화여대 독문학과를 졸업하고 한국외국어대 통역번역대학원에서 동시통역을 전공했다. 2005년 프랑크푸르트 국제도서전에서 '한국의 책 100' 번역자에 선정되었다. 옮긴 책으로 《내가 혼자 여행하는 이유》《마음의 오류》《모두가 열광하는 셀프 마케팅 기술》《리더십: 소크라테스부터 잭 웰치까지》《지구는 왜 점점 더워질까》《멘탈의 연금술》등 다수가 있다.

보도 섀퍼의 이기는 습관 큰 글씨 책

1판 1쇄 발행 2024년 9월 5일

지은이 보도 섀퍼
옮긴이 박성원
발행인 오영진 김진갑
발행처 토네이도미디어그룹(주)

기획편집 박수진 유인경 박민희 박은화
디자인팀 안윤민 김현주 강재준
마케팅팀 박시현 박준서 김예은 김수연 김승겸
경영지원 이혜선

출판등록 2006년 1월 11일 제313-2006-15호
주소 서울시 마포구 월드컵북로5가길 12 서교빌딩 2층
전화 02-332-3310 팩스 02-332-7741
블로그 blog.naver.com/midnightbookstore
페이스북 www.facebook.com/tornadobook

ISBN 979-11-5851-297-2 03190

토네이도는 토네이도미디어그룹(주)의 자기계발/경제경영 브랜드입니다.
이 책은 저작권법에 따라 보호를 받는 저작물이므로 무단전재와 무단복제를 금하며,
이 책 내용의 전부 또는 일부를 사용하려면 반드시 저작권자와 토네이도의
서면 동의를 받아야 합니다.

잘못되거나 파손된 책은 구입하신 서점에서 교환해드립니다.
책값은 뒤표지에 있습니다.